Komm,
ich zeig' dir den
Weg zum Himmel

Alfred Hausen

Komm,
ich zeig' dir den Weg zum Himmel

Ermutigungen zum Glauben

benno

Festausgabe zum goldenen Priesterjubiläum
der Priesterzwillinge Alfred und Heribert Hausen

Bibliografische Information der Deutschen Nationalbibliothek
Die Deutsche Nationalbibliothek verzeichnet diese Publikation
in der Deutschen Nationalbibliografie;
detaillierte bibliografische Daten sind im Internet über
http://dnb.d-nb.de abrufbar.

Besuchen Sie uns im Internet unter:
www.st-benno.de

ISBN 978-3-7462-3312-3
© St. Benno-Verlag GmbH
Stammerstr. 11, 04159 Leipzig
Umschlaggestaltung: Ulrike Vetter, Leipzig
Umschlagabbildung: © sw/Fotolia.de
Gesamtherstellung: Kontext, Lemsel (A)

VORWORT

Das Traditionschristentum, das wir von Eltern, Lehrern und Priestern übernommen haben, trägt den heutigen, modernen Menschen nicht mehr. An diese Stelle tritt heute das Entscheidungschristentum. Der moderne Mensch muss sich ernsthaft mit dem Glauben auseinandersetzen, damit sich ihm die Reichtümer der ewigen Wahrheiten des Glaubens auftun. Er muss dann zu einer bewussten Entscheidung für Gott, seine Pläne mit dem Menschen und der Welt kommen. Dann wird er erfahren, dass dieser Glaube sein Leben bereichert, seine Lebensqualität erhöht und ihm ein festes Fundament im Leben schenkt. Ein solches Leben ist nicht nur von einer tiefen Urgeborgenheit und einem tiefen Urvertrauen bestimmt, sondern auch von einer großen Freude, Gelassenheit und Zufriedenheit erfüllt.

Dieses Buch will dem modernen Menschen, der nach einem tieferen Sinn im Leben sucht, eine Hilfe sein. Es will dem modernen Menschen zu einer echten Entscheidung verhelfen. Die Priesterzwillinge Alfred und Heribert Hausen, die am 22.2.2012 ihr goldenes Priesterjubiläum feiern, erzählen über ihre Gottes- und Glaubenserfahrungen, die sie in diesen 50 Jahren ihres priesterlichen Wirkens gemacht haben. Natürlich basiert ihr Leben auf der wissenschaftlichen Philosophie und Theologie, aber es ist weit mehr, es ist fleischgewordenes Wort Gottes, es ist gelebter Glaube, der das Leben reich erfüllt, froh und sinnvoll gemacht hat. Wir sind beide davon überzeugt, dass unser Zeugnis auch in schriftlicher Form manchen Leser zu einem tiefen Glauben führen kann. „Tolle lege – Nimm und lies!" (Augustinus).

Alfred Hausen

Inhaltsverzeichnis

1. KAPITEL: SINNFRAGE   12

    1) Sinn des Lebens   12
       a) Jugend   12
       b) Grenzsituationen   13
       c) Alter   15
    2) Lebensfragen   15
    3) Sehnsucht nach Glück   17
    4) Grundsätzliche Antworten   18
       a) Nihilismus   19
       b) Hedonismus   19
       c) Humanismus   20
       d) Theismus   20

2. KAPITEL: DIE GOTTESFRAGE   22

A. Existenz Gottes   22
    1) Gottesbeweise   22
    2) Schöpfung   23
    3) Die Hl. Schrift   25
    4) Gotteserfahrung   27
       a) Bergwanderung   28
       b) Brot vom Himmel   28
       c) Zensur   29
       d) Zwillinge   31

5) Die Heiligen 32

6) Wallfahrtsorte 34

7) André Frossard 35

B. Gottesbild 37

1) Falsche Gottesbilder 37

    a) Der Opa-Gott 38

    b) Der Tyrannen-Gott 38

    c) Der Richtergott 38

    d) Der Automaten-Gott 39

    e) Der Deisten-Gott 39

2) Der Gott Jahwe (AT) 40

3) Der Vatergott (NT) 41

    a) Der dreifaltige Gott 41

    b) Liebender Gott 43

    c) Gerechter Gott 44

    d) Geheimnisvoller Gott 45

4) Das Theodizee-Problem 46

3. KAPITEL: DAS MENSCHENBILD 49

1) Falsche Menschenbilder 49

    a) Übermensch 49

    b) Untermensch 50

    c) Zufallsprodukt 50

2) Ebenbild Gottes 51

    a) Würde 51

    b) Verstand 52

c) Freiheit 53

d) Schöpfertätigkeit 55

e) Individualität 57

f) Geschlechtlichkeit 58

g) Sozialwesen 59

h) Gewissen 60

3) Der ideale Mensch Jesus 63

a) Der neue Adam 63

b) Wahrer Mensch 64

4) Erbsünde 66

5) Sinn der Schöpfung 67

4. KAPITEL: GLAUBE UND TAUFE 69

1) Glaube als Lebensweg 69

2) Vertrauen 70

3) Glaube und Vernunft 71

4) Glaube und Freiheit 72

5) Glaube und Gnade 73

6) Glaubenszeugen 75

7) Glaubensprüfung 78

8) Glaube und Taufe 79

9) Lebenswert 81

a) Liebe Gottes 81

b) Fundament 81

c) Geborgenheit 82

d) Freude 83

e) Hoffnung 84

f) Liebe   84
g) Orientierung   85
h) Sinn   85

5. KAPITEL: WEG DES GLAUBENS   87

A. Grundsätzlicher Weg   87
1) Nachfolge Christi   87
2) Emmausjünger   89
3) Weinstock und Reben   91
4) Der kleine Weg   93

B. Konkreter Weg   97
1) Gebet   97
   a) Sprechen mit Gott   97
   b) Das meditative Gebet   98
   c) Das tägliche Gebet   99
   d) In der Gegenwart Gottes leben   102
   e) Anbetung   103
2) Beruf   105
3) Gebote   107
4) Sakramente   109

C. Gemeinsamer Weg   111
1) Familie (Hauskirche)   111
2) Gemeinschaft der Gläubigen (Kirche)   113

D. Tagesheiligung   115

1) Gottesliebe 116
2) Nächstenliebe 117
3) Selbstliebe 118

6. KAPITEL: ZIEL DES WEGES 120

1) Weiterleben 120
  a) Grabbeilagen 120
  b) Pyramiden 120
  c) Terrakotta-Armee 121
  d) Seelenwanderung 121
  e) Unterwelt 122
  f) Platon 122
2) Tatsache der Auferstehung 122
  a) Bekenntnis des hl. Paulus (1 Kor 15) 123
  b) Ostererzählungen 125
3) Bilder 128
  a) Same 128
  b) Schmetterling 129
  c) Hochzeitsmahl 130

7. KAPITEL: ANHANG: DAS CHRISTENTUM
UND DIE RELIGIONEN 132

1) Heilsfrage 132
2) Wahrheitsfrage 133
3) Toleranzfrage 136

1. KAPITEL: SINNFRAGE

1) Sinn des Lebens

Warum leben wir? – Das ist die entscheidende Frage des Lebens schlechthin. Im Gegensatz zur ganzen Schöpfung können wir als vernunftbegabte Wesen über die Sinnhaftigkeit unserer Existenz nachdenken. Man kann diese Frage nach dem Sinn des Lebens verdrängen und verschieben, aber wir können ihr nicht grundsätzlich ausweichen. Diese Frage taucht dreimal im Leben ganz massiv auf.

a) Jugend

Zum ersten Mal kommt diese Frage in der Jugendzeit auf. Der junge Mensch schaut in die Zukunft und fragt sich: Was will ich einmal werden? Woran habe ich Freude und Spaß? Was kann mein Leben glücklich machen? Es ist die Frage nach dem Beruf. Diese Zeit ist aber auch bestimmt von der Partnersuche. Mit welchem Menschen kann ich glücklich werden? Wo und wie finde ich den Partner für mein Leben? Der junge Mensch steht hier vor schwierigen Lebensentscheidungen. In diesem Zusammenhang taucht auch schon zum ersten Mal die Frage auf: Warum lebe ich überhaupt? Was erwarte ich vom Leben? Was hat das Leben für einen Sinn?

Heute besteht die Gefahr, dass diese Sinnfrage durch den

Wohlstand mit all seinen Ablenkungen überspielt wird. Warum über eine so lästige Frage nachdenken? Man will leben und etwas erleben. Partys, Vergnügungen und der augenblickliche Lebensgenuss haben Vorrang. Sinnfrage? Warum lebe ich? Völlig uninteressant! Langweilig! Ich gebe es zu, als wir Zwillinge groß wurden, war Krieg. Da ging es um das nackte Überleben. Jeden Tag sahen wir Tote. Da kommt in der Jugendzeit schon eher die Sinnfrage in das Blickfeld des Menschen. Dennoch bleibe ich dabei, wenn der junge Mensch sein Leben aufbaut, kommt er an der Sinnfrage nicht vorbei.

b) Grenzsituationen

Um die Sinnfrage wird es dann im Laufe des Lebens etwas ruhiger. Man hat ja auch viel zu tun. Der Beruf, die Familie und die Freizeitgestaltung nehmen den Menschen zeitlich sehr in Anspruch. Da ist für solche philosophischen Fragen keine Zeit. Und doch gibt es Situationen, in denen die Sinnfrage auch mitten im Leben auftaucht. Ich nenne diese Augenblicke im Leben Grenzsituationen.

Eine solche Grenzsituation ist die Krankheit. Gerade als Priester stehen wir oft an Krankenbetten zu Hause und in Krankenhäusern. Eine schwere Krankheit löst immer einen großen Schock aus. Das normale Leben mit seinem Stress gerät aus den Fugen. Nun hat man auf einmal viel Zeit zum Nachdenken. Wie soll das weitergehen? Warum trifft mich ausgerechnet dieser Schicksalsschlag? Hat das Leben auch jetzt noch einen Sinn? Was habe ich getan, dass Gott mir das antut? In der Tat, das haben wir als

Zwillingspriester immer wieder erlebt, dass eine Krankheit die Sinnfrage auslöst. Für zahlreiche Menschen ist die Krankheit ein Anstoß, auch über Wert und Sinnhaftigkeit des Lebens nachzudenken.

Ganz sicher ist auch die Todeserfahrung eine Grenzsituation, in der die Sinnfrage auftaucht. Da wird mir die Frau oder der Mann durch einen Unfall von der Seite gerissen; und wir waren doch so glücklich miteinander verheiratet. Da fällt der einzige Sohn im Krieg gegen Afghanistan. Und nun bin ich allein. Darunter leide ich sehr.

Auch die existenzielle Langeweile ist eine solche Grenzsituation. Es kam einmal ein Ehepaar zu mir und meinte: Wir haben das Leben in vollen Zügen genossen. Wir haben nichts ausgelassen. Wir haben die tollsten Reisen gemacht und in den besten Hotels gewohnt, wir haben alle Vergnügungen vom Opernbesuch bis zu den schönsten Partys erlebt, wir haben uns sexuell ausgelebt, und nun sind wir an einen Punkt gekommen, wo wir sagen: Das kann doch nicht alles gewesen sein. Da muss doch noch etwas kommen. Es muss doch noch einen tieferen Sinn im Leben geben. Vielleicht könnte das Gott und der Glaube sein, von dem so viele Menschen, die wir kennen, erfüllt sind. In der Tat, das Erlebnis, dass das Leben sinnlos, leer und inhaltslos geworden ist, ja dass das bisherige Leben den Menschen anekelt (existenzielle Langeweile), macht den Menschen offen für das Suchen nach einem tieferen Sinn im Leben.

So gibt es zahlreiche Grenzsituationen (Konkurs, Ehescheidung, missratene Kinder, behinderte Menschen), die grundsätzlich die Frage nach dem Sinn des Lebens stellen lassen.

c) Alter

Noch ein letztes Mal steht die Sinnfrage zentral im Leben des Menschen da, und zwar im Alter. Das Leben ist gelebt mit seinen Freuden und Leiden, mit seinen Höhen und Tiefen. Durch Alter und Beschwerden ist der Lebenskreis eingeengt. Man ist viel allein. Da kommen dann schon einmal die Gedanken auf: Das also war das Leben. Was habe ich noch zu erwarten? Hat das Leben noch eine Zukunft? Zum letzten Mal tickt die Sinnfrage an unserer Lebensuhr. Wie auch immer muss jeder Mensch diese Sinnfrage beantworten. Keiner kommt daran vorbei. Oftmals wird sie weniger theoretisch und bewusst beantwortet, sondern durch das praktische Leben selbst. Es ist wohl klar, dass der christliche Weg nur ein Angebot ist unter vielen in unserer pluralistischen Gesellschaft. Aber sicher ein nachdenkenswertes Angebot. Die Sinnfrage ist der Schlüssel zum christlichen Glaubensweg.

2) Lebensfragen

Die Sinnfrage ist verbunden mit den 7 Lebensfragen, die das Fundament unseres Lebens berühren. Im Einzelnen handelt es sich um folgende Grundsatzfragen:
1. Gibt es überhaupt einen Gott? Wie kann man seine Existenz beweisen? Wie sieht er aus? Welche Eigenschaften hat er?

2. Was ist der Mensch? Wo kommt er her? Wo geht er hin? Der Mensch ist sich selbst ein Rätsel. Sein Menschsein verlangt nach einer Deutung.

3. Wie ist das mit Gut und Böse? Wer sagt uns, was gut ist? Woher kommt das Böse?

4. Warum gibt es das Leid in der Welt? Das Leid, hervorgerufen durch Krankheit, Unfälle und Naturkatastrophen, zerstört das Leben vieler Menschen.

5. Wo finde ich den Weg zum wahren Glück? Sind es Wohlstand, Reichtum und Geld? Sind es die humanen Werte der Freundschaft, der Ehe und der Liebe?

6. Was geschieht nach dem Tode? Gibt es ein Weiterleben? Ist der Tod Ende oder Anfang eines neuen Lebens?

7. Was ist der Sinn des Lebens? Warum lebe ich überhaupt? Bin ich nur ein Zufallsprodukt der Natur oder das Ergebnis einer göttlichen Planung?

Diese Lebensfragen sind von fundamentaler Bedeutung. Wir dürfen sie nicht verdrängen. Von der Beantwortung dieser Fragen hängt die Gestaltung unseres Lebens ab.

Wer aber gibt uns auf diese Fragen eine Antwort? In der Vergangenheit war das der christliche Glaube, der ganz Europa geprägt hat. Dieser Glaube wurde uns als Antwort gleichsam aufgezwungen. Er war konkurrenzlos in unserer Gesellschaft. Das aber hat sich radikal geändert, nachdem zahlreiche Traditionsformen zusammengebrochen sind und nicht mehr anerkannt werden. Die Folge ist eine große Orientierungslosigkeit des modernen Menschen, der darunter sehr leidet. Man stellt den modernen Menschen oftmals dar als einen Menschen, der an einer Kreuzung steht, wo viele Wege abzweigen, und er nicht weiß, in welche Richtung er gehen soll. In unserer heutigen Gesellschaft ist das Sinnangebot sehr groß geworden und das Christentum steht keineswegs als einziges Sinnangebot im Raum. Und alle Religionen und Weltanschauungen rufen dem modernen Menschen zu: Komm mit uns, wir zeigen dir den Weg durch das Leben, wir zeigen dir den Weg zum wahren Glück. Manchmal aber erweisen sich diese Wege als Irrwege, als Einbahnstraßen oder als Sackgassen. Wer zeigt uns den wahren Weg?

3) Sehnsucht nach Glück

Diese 7 Lebensfragen sind natürlich sehr stark vom Verstand geprägt. Aber sie kennen auch eine emotionale Seite, die vom Gefühl geprägt ist. Man kann sagen, dass in jedem Menschen eine tiefe Sehnsucht nach Glück verankert ist. Jeder Mensch möchte im Leben glücklich werden. Glück ist das höchste Gut. Dieses Glück macht den Menschen zufrieden mit sich selbst, sodass er innerlich froh wird und im Zustand des Wohlbefindens lebt. Was aber schenkt dem Menschen das wahre Glück? Sind es die materiellen Werte wie Geld, Reichtum und Wohlstand? Sind es Prestige, Ansehen, Macht und Leistung? Sind es die menschlichen Werte wie Vertrauen, Ehrlichkeit und Liebe? Sind es die religiösen Werte wie Glaube an Gott, Gebet, Meditation und religiöse Gemeinschaften?

Jeder Mensch wird in seinem Leben erfahren, dass er das Glück zeitweise hat, dass es aber immer wieder in seinen Händen zerrinnt. Er kann es einfach nicht festhalten. Reichtum kann durch Krieg verloren gehen, eine Ehe kann scheitern, Freundschaften können zerbrechen und manchmal reißt uns auch der Tod liebe Menschen plötzlich von der Seite. Unser Glück ist ständig in Gefahr, verloren zu gehen. Und so wächst im Menschen immer mehr die Sehnsucht nach dem Ewigen, nach dem ewigen Glück, nach ewiger Freude, nach ewigem Frieden, weil wir spüren, dass nichts in dieser Welt uns dauerhaft glücklich machen kann.

Die rationalen Lebensfragen rufen also durch die emotionale Sehnsucht noch einmal ein Suchen nach dem Sinn des Lebens in uns wach. Diese Sehnsucht ist ein Grundbestandteil unserer menschlichen Natur und kommt nie zur Ruhe, wie auch die Lebensfragen, die immer nach einer Antwort suchen.

4) Grundsätzliche Antworten

Auf die Lebensfragen und die Sehnsucht nach Glück gibt es viele Antworten. Das Sinnangebot ist in unserer pluralistischen Gesellschaft sehr groß. Man kann sie nicht alle aufzählen. Dennoch soll hier der Versuch unternommen werden, einige grundsätzliche Antworten aufzuzeigen.

a) Nihilismus

Es gibt Menschen, die auf die Sinnfrage des Lebens antworten: Das Leben hat keinen Sinn. Wir werden geboren, leben und sterben. Das war es. Ein sinnloses Geschehen. Ein Vertreter dieser Richtung ist Jean Paul Sartre. Nein, das Leben hat keinen Sinn. Die Konsequenz wäre, dass man dem Leben, spätestens wenn es leidvoll und unerträglich wird, ein Ende setzt (Selbstmord). Der eigentliche Held ist im Grunde genommen der Mensch, der dieser Sinnlosigkeit widersteht und dennoch weiterlebt. – Es gibt sicher zahlreiche Menschen, die diesen Standpunkt vertreten. Ich persönlich könnte mit einer solch negativen Antwort nicht leben.

b) Hedonismus

Eine zweite Antwort ist der Lebensgenuss. Man bezeichnet ihn auch als Hedonismus. Ein Vertreter dieser Richtung ist der griechische Philosoph Epikur (341–270 v. Chr.). Von ihm stammt das Wort: Carpe diem. Genieße den Tag. Genieße das Leben. Im sinnlichen Lebensgenuss besteht der eigentliche Sinn des Lebens. Die Hauptsache ist, man kann am Ende des Lebens sagen: Ich habe etwas vom Leben gehabt. Diese Lebenseinstellung wird heute von vielen Menschen vertreten. – Auch wir Christen haben nichts gegen den Lebensgenuss. Schließlich hat Gott uns die Güter dieser Welt in seiner Schöpfung geschenkt, damit wir uns daran erfreuen. – Aber der Lebensgenuss als einziger und letzter Sinn im Leben ist zu wenig. Wie schnell hört das Genießen auf, wenn der Mensch von einer schweren Krankheit heimgesucht wird oder harte Schicksalsschläge wie Krieg, Arbeitslosigkeit, Tod des geliebten Partners diese hedonistische Lebenseinstellung einschränken oder unmöglich machen. Im Lebensgenuss den einzigen Lebensinn zu sehen, reicht eben nicht aus.

c) Humanismus

Hier stehen die menschlichen Werte im Vordergrund wie Liebe, Vertrauen, Mitmenschlichkeit, Dankbarkeit und Freundschaft, die das Leben wertvoll und sinnvoll machen. Diese Auffassung wird von zahlreichen Philosophen und Dichtern vertreten. Edel sei der Mensch. Diese Werte haben auch ohne Gott in sich einen großen Wert und werden von vielen Menschen bejaht. Sie machen das Leben glücklich. – Aber meiner Meinung nach fehlt dieser Antwort eine letzte Begründung. Warum soll ich gut sein zu anderen Menschen? Wer fordert das von mir? Ganz abgesehen davon, dass auch Liebe, Vertrauen und Freundschaft zerbrechlich sind. Oft bleibt dann eine große Enttäuschung und Hoffnungslosigkeit zurück.

d) Theismus

Mit dem Theismus sind alle Religionen gemeint, die Gott als Urgrund unseres Seins und Lebens sehen. Allen Religionen gemeinsam ist, dass sie das Leben nicht auf die reine Diesseitigkeit beschränken, sondern auch auf eine Jenseitigkeit verweisen. Der Tod ist nicht das Ende, sondern der Beginn eines neuen, besseren Lebens. „Du hast uns für dich geschaffen, o Gott, und unruhig ist unser

Herz, bis es ruhet in dir." In diese Worte hat der große Kirchenlehrer des Abendlandes, Augustinus, das Suchen des Menschen nach Glück gefasst. In Gott werden alle unsere Lebensfragen beantwortet. Gott erst gibt unserm Leben einen tiefen, alles umfassenden Sinn. Aber gibt es diesen Gott wirklich oder ist das nur eine menschliche Einbildung?

Kann man die Existenz Gottes beweisen oder müssen wir blind an ihn glauben? Diese Frage ist natürlich nicht nur berechtigt, sondern nach der Sinnfrage die wichtigste Frage unseres Lebens überhaupt. Hier geht es um Sein oder Nichtsein. Hier geht es um das Fundament unseres Lebens. Hier geht es um den Urgrund der Welt und unseres menschlichen Seins. Wenn ich mein Leben auf Gott aufbaue, wenn er die Mitte meines Lebens werden soll, wenn sein Wille der Maßstab für mein Leben werden soll, dann muss ich mit Sicherheit wissen, dass er überhaupt existiert.

2. KAPITEL: DIE GOTTESFRAGE

A. Existenz Gottes

1) Gottesbeweise

Kann man Gott beweisen? Die moderne mathematisch-naturwissenschaftliche Methode hat das Erkennen des Menschen auf eine rein empirische Weise eingeschränkt. Nur was mathematisch exakt bewiesen ist, das ist richtig und wahr. Dass 2 und 2 vier sind. Daran zweifelt kein Mensch. Das ist einleuchtend (evident). In diesem Sinne lässt sich Gott nicht beweisen.

Dennoch, wenn wir nur diese mathematisch exakte Erkenntnisweise in unserm Leben zuließen, dann wäre es um unser Leben arm bestellt. Es gibt Werte in unserm Leben, die wir nicht in diesem Sinne beweisen können. Vertrauen zum Beispiel, ein ganz wichtiges Element in unserm Leben, das unsere menschlichen Beziehungen untereinander regelt (Ehe), können wir nicht beweisen. Es gibt viele Bereiche in unserm Leben, wo ein mathematisch exakter Beweis nicht möglich ist. Hier zählen gute, plausible Argumente. Auch sie können uns wertvolle Lebenswahrheiten offenbaren. Allerdings hängt die Sicherheit der Wahrheit von der Kraft der Argumente ab. Hier müssen wir immer auch Gegenargumente berücksichtigen. Aufgrund der Argumente kann es auch zu unterschiedlichen Auffassungen kommen, zumal das Gewicht der Argumente von jedem unterschiedlich bewertet werden kann. In diesem Sinne müssen wir uns fragen, welche Argumente können wir für die Existenz Gottes anführen?

2) Schöpfung

Ein erstes wichtiges Argument ist die Schöpfung. Wir sprechen hier von der Werkoffenbarung und meinen damit, dass man Gott aus den Werken seiner Schöpfung erkennen kann. Der hl. Paulus schreibt dazu in seinem Römerbrief: „Seit Erschaffung der Welt wird seine unsichtbare Wirklichkeit an den Werken der Schöpfung mit der Vernunft wahrgenommen, seine ewige Macht und Gottheit" (Röm 1,20). Ähnlich kann man ja auch aus Werken von Künstlern auf den Schöpfer schließen. Wenn ich auf Bilder von bestimmten Malern schaue, kann ich aus der Art und Weise, wie sie ihr Bild gemalt haben, den Künstler erkennen. Ich kann mit ziemlicher Sicherheit sagen: Das ist ein Rembrandt oder das ist ein van Gogh oder das ist ein Renoir. Ähnlich kann ich bei der Betrachtung des Kölner Doms sagen: Der Plan zu diesem Kunstwerk muss ein großer Architekt entworfen haben. Das kann nicht der Zufall schaffen. Und so sagen wir auch: Das Wunderwerk der Schöpfung mit seiner Ordnung und mit seinen Gesetzen muss ein großer Architekt entworfen haben, ein großer Geist, denn in der ganzen Welt, im Makro- wie im Mikrokosmos, finden wir überall eine geistige Struktur vor. Alles ist in der Schöpfung sinnvoll eingerichtet. Die Juden sagen: Gott hat alles in Weisheit geschaffen.

Den modernen Naturwissenschaften verdanken wir heute großartige Erkenntnisse. Sie zeigen uns vor allem auf, wie die Welt entstanden ist, obwohl das auch nur eine Hypothese ist, die aber zur Zeit von den meisten Naturwissenschaftlern vertreten wird. Am Anfang der Welt steht der Urknall. Von einer Mitte im Universum streben dann die Weltenkörper auseinander. So ist auch die Erde entstanden. Langsam haben sich die Meere und Kontinente gebildet. Aus einer Zelle hat sich das Leben entwickelt bis hin zum heutigen Menschen (homo sapiens). Das ist eine immanente Entwicklung, die mehr oder weniger vom Zufall bestimmt ist. Dazu braucht es keinen Gott. Urknall und Evolution, die uns die Art und Weise der Entstehung der Welt erklären, können wir als Christen akzeptieren. Dies widerspricht in keiner Weise dem biblischen Schöpfungsbericht, dem es vor allem darum geht, deutlich zu machen, dass Gott der Schöpfer aller Dinge ist. Über die genaue Entstehung der Welt kann die Bibel keine Aussage machen. Das muss sie schon den Naturwissenschaften überlassen. Die fundamentale Aussage des Schöpfungsberichtes besteht darin, Gott, der reiner Geist ist und keinen Anfang und kein Ende hat und der Schöpfung gegenübersteht, als den Schöpfer dieser wunderbaren Welt zu deklarieren. Spätestens beim

Urknall bleibt uns die Naturwissenschaft die Antwort schuldig: Wer hat denn diesen Urknall ausgelöst? Gott als reiner Geist hat keinen Anfang, wohl aber die Schöpfung. Frau Dr. theol. Rosemarie Neininger hat in ihrem großartigen Buch „Welt verstehen – an die Schöpfung glauben" den gelungenen Versuch unternommen, eine Brücke zwischen physikalischer und theologischer Weltdeutung zu schlagen. Gerade der erste Teil ihrer Doktorarbeit zählt eine Reihe von modernen Naturwissenschaftlern auf wie Max Planck, Niels Bohr, Werner Heisenberg, Carl Friedrich von Weizsäcker, für die am Anfang der Schöpfung ein Geistprinzip steht, das die ganze Entwicklung und Ordnung ins Leben gerufen hat. Hier kommen sich christlicher Glaube und Naturwissenschaft schon näher. Denn im Letzten verstehen wir auch Gott als den Urgrund der Schöpfung. Gott ist Geist, der der Schöpfung gegenübersteht und die wunderbare, sinnvolle Ordnung in die Schöpfung hineingelegt hat. Diese Auffassung ist für mich ein überzeugendes Argument für die Existenz Gottes. Der Zufall schafft so etwas nicht.

3) Die Hl. Schrift

Ein zweites Argument für die Existenz Gottes ist die Hl. Schrift. Wir sprechen hier von der Wortoffenbarung. In der Tat hat Gott zu den Menschen gesprochen durch Eingebungen, Visionen und Traumgesichte. Propheten haben diese Gotteserfahrungen in Worte gekleidet und niedergeschrieben. So sind die 72 Bücher des Alten und Neuen Testamentes entstanden, die das Wort Gottes enthalten. So hat Gott seine Pläne und seinen Willen den Menschen kundgetan. Die wichtigste Erkenntnis aber besteht darin, dass wir Gott als Person erfahren, die uns nicht nur liebt, sondern mit der wir auch in Kontakt treten können. Er offenbart sich uns als das große Du, mit dem wir sprechen können, dem wir all unsere Bitten und Anliegen vortragen können. In der Schöpfung erfahren wir Gott als großen Geist, der die Welt ins Dasein gerufen hat. In der Hl. Schrift erleben wir, dass Gott eine Person ist, mit der wir in Beziehung treten können. Das ist eine große Bereicherung. Dieser menschenfreundliche Gott hat sich im AT vor allem dem Mose im brennenden Dornbusch und am Sinai geoffenbart. Hier hat er seinen Namen kundgetan: Jahwe. Hier hat er den Menschen die Zehn Gebote als Lebensgesetze geschenkt. Deshalb sind auch die fünf Bücher Mose die wichtigsten Bücher des Alten Testamentes. Der große Prophet des Neuen Testamentes aber ist Jesus Christus, von dem vor allem die vier Evangelisten berichten. Er war nicht nur Prophet, sondern sogar Gottes Sohn. Damit nimmt er unter allen Propheten eine einzigartige und überragende Stellung ein. Er hat uns den tiefen Sinn unseres Menschseins geoffenbart. Er hat uns in seiner Person und durch sein Leben Antwort gegeben auf all unsere Lebensfragen und auf die große Sehnsucht des Menschen nach Glück.

Manche tun die Hl. Schrift als Märchenbuch ab. So kann nur einer reden, der die 72 Bücher der Schrift nicht wie ich alle gelesen hat. Außerdem habe ich 40 Jahre lang monatlich für meine Gemeinde einen Bibelabend gehalten. Ich weiß also, wovon ich rede. Sicher ist die Bibel nicht wörtlich zu verstehen. Da gibt es auch eine Menge von symbolhaften Erzählungen (z. B. Adam und Eva und der Sündenfall). Aber auch in solchen Erzählungen wird uns Wesentliches über Gott und den Menschen ausgesagt, z. B. dass wir Ebenbild Gottes sind. Jedenfalls ist für mich und meinen Bruder die Hl. Schrift ein wichtiges Argument für die Existenz Gottes.

4) Gotteserfahrung

Das wichtigste Argument für die Existenz Gottes ist für mich und meinen Zwillingsbruder die eigene persönliche Gotteserfahrung, die jeder gläubige Mensch schon einmal gemacht hat, sonst hätte er den Glauben an Gott längst aufgegeben. Nein, der Glaube an Gott ist keine fromme Einbildung, sondern eine Realität. Jeder Gläubige hat sich schon einmal mit Bitten an Gott gewandt und auf wunderbare Weise Erhörung erfahren. War es vielleicht Zufall? Nun, wenn man diese Erfahrung nicht nur einmal, sondern immer wieder macht, dann wird für den betroffenen Menschen die Existenz Gottes zu einer absoluten Gewissheit. Für diese persönlichen Gotteserfahrungen möchte ich einmal einige Beispiele anführen.

a) Bergwanderung

Bei einer Bergwanderung – ich war mit 5 Jugendlichen unterwegs auf den Hochkönig in Österreich – gerieten wir bei einem felsigen Teil der Bergstrecke, wo der Weg nicht mehr genau zu erkennen war, in dichten Nebel. Man konnte kaum noch etwas sehen. Jeder weitere Schritt hätte uns in den tödlichen Abgrund stürzen können. Da flehte ich in Todesangst zu Gott, er möge mir in dieser ausweglosen Situation einen Ausweg zeigen. Ich habe hier nicht mit einem Wunder gerechnet, auch nicht mit einem Engel vom Himmel. Nein, ich habe nur um ein kleines Zeichen gebeten, um einen kleinen Hinweis, der mir tatsächlich geschenkt wurde. Der Nebel lockerte sich etwas auf und ich sah auf einmal einen dicken roten Punkt. Als erfahrener Bergsteiger wusste ich: Das ist die Wegmarkierung. Dieser mussten wir nachgehen von Punkt zu Punkt, dann werden wir sicher zur Hütte auf dem Plateau des Hochkönigs gelangen. Nach einer Stunde hatten wir das rettende Ziel erreicht. In der Nacht setzte ein furchtbarer Sturm ein, der auch am nächsten Tag noch andauerte. Am Mittag kam dann ein Lehrer und führte uns wieder in unser Jugendferienhaus nach Hallein. Danke, Gott! Das hätte auch ins Auge gehen können.

b) Brot vom Himmel

Eine andere Gotteserfahrung hatten wir im Thüringer Wald. Nachdem im 2. Weltkrieg unser Haus zerstört worden war, wurden wir nach Lauscha in Thüringen evakuiert. Die Bevölkerung war sehr arm. Man verdiente sich mit der Herstellung von Christbaumkugeln seinen kargen Lebensunterhalt. Wir lebten von den Zuteilungen, die von Lebensmittelkarten sehr begrenzt waren. Es reichte kaum zum Leben. Eines Tages sagte die Mutter beim Frühstück: Das ist die letzte Scheibe Brot. Für heute Mittag und heute Abend habe ich nichts mehr. Sie meinte: Du kannst ja mal zum Bäcker gehen, vielleicht gibt er uns ein Brot im Voraus. Nein, sagte der Bäcker, ich habe euch ja schon für zwei Wochen im Voraus Brot gegeben. Nun müsst ihr schon eine Woche warten. Meine Mutter war sehr enttäuscht, dass sie ihren Kindern nichts mehr zu essen geben konnte. Schließlich meinte sie: Wir wollen einmal zu Gott beten, vielleicht kann der uns helfen. Wir taten es. Am Nachmittag kam eine Frau zu uns und brachte zwei Brote. Sie meinte: Wir sind alte Leute, wir essen nicht so viel Brot. Mein Mann sagte: Bring es der Frau mit den drei Kindern, die können es sicher brauchen. Unser Gebet war erhört worden. Das war Brot vom Himmel. Gott hat uns zwar keinen Engel mit einem Brotkorb vom Himmel geschickt, aber er hat dem Mann und der Frau die Anregung gegeben, uns dieses Brot zu geben. Die Frau war dieser gute Engel. Solche Erlebnisse vergisst man nicht.

c) Zensur

Gott hilft uns auch in den Banalitäten des Alltags. Ich schäme mich fast, diese Gotteserfahrung niederzuschreiben, aber sie hat mich vieles gelehrt. Ich war in Latein im Zeugnis auf eine Drei abgesunken, obwohl ich vorher immer eine Zwei hatte. Deshalb habe ich mir sehr viel Mühe gegeben, mich zu verbessern. Wir schrieben nach den Ferien die erste Lateinarbeit. Nachher verglich ich meine Arbeit mit den Klassenkameraden. Ich hatte fünf Fehler, also wieder nur eine Drei; denn nur mit zweieinhalb Fehlern bekam man noch eine Zwei. Alle Mühe umsonst. Ich war verzweifelt und habe geweint. Dann habe ich zu Gott gebetet, dass er mir doch noch zu einer Zwei verhelfen möge. Aber, so kamen meine Bedenken, es waren nun mal fünf Fehler, daran konnte ja auch Gott nichts machen. Aber ein Kinderherz verlangt manchmal von Gott das Unmögliche. Am nächsten Tag bekamen wir unsere Lateinarbeit zurück. Was stand darunter? Gut. Ich traute meinen Augen nicht. Wie konnte das möglich sein bei fünf Fehlern? Was war geschehen? Von den fünf Fehlern hatte der Lateinlehrer einen Fehler übersehen, damit waren es nur noch vier. Außerdem wurden zwei Fehler nur als halbe Fehler bewertet. So waren es nur noch dreieinhalb Fehler. Da die Arbeit äußerst schwer war, gab es ausnahmsweise diesmal mit dreieinhalb Fehlern noch eine Zwei. Das war für das damalige Kinderherz eine großartige Gotteserfahrung. Gott hat immer tausend Möglichkeiten, um einem Menschen zu helfen. Und das Erstaunliche ist, er hilft auch in den kleinen Dingen des Alltags. Dies sind nur einige Beispiele, wie ein Mensch beim Beten und Bitten die Erfahrung machen kann, dass Gott da ist und uns hilft und uns durch das Leben begleitet. Kein Gebet ist umsonst, auch wenn er uns manchmal unsere Bitten nicht erfüllt.

d) Zwillinge

Gott erfüllt nicht nur unsere Bitten, sondern er führt uns auch auf wunderbare Weise durch das Leben, wobei er natürlich immer unsere freie Entscheidung respektiert. Es gibt so etwas wie eine Führung und Fügung Gottes. Jedenfalls möchten wir das nach 50 Jahren Priestertum sagen. Wir Priesterzwillinge waren bis zur Priesterweihe immer zusammen. Dann trennten sich die Wege, denn jeder hatte in einer anderen Gemeinde seine Aufgabe zu erfüllen. Ohne dass wir darauf Einfluss genommen hätten, ist der parallele Lebenslauf trotz verschiedener Orte sehr auffällig. Beide waren 10 Jahre Kaplan. In dieser Zeit waren beide auch Dekanatsjugendseelsorger für die Frauenjugend. Danach waren beide fast 40 Jahre Pastor, der eine in Bonn, der andere in Asbach/Westerwald. Beide waren in dieser Zeit zusätzlich 24 Jahre Dechant, wobei man bemerken muss, dass die Mitbrüder in einem Dekanat den Dechanten für 6 Jahre wählen. Beide wurden also mehrmals wiedergewählt. Aus Dankbarkeit hat der Papst beide zum Monsignore ernannt. Schließlich erhielten beide noch den Titel Ehrendechant. Zufall oder Fügung? Wir haben keinen Zweifel daran. Es ist Fügung Gottes. – Sicher Schöpfung und Hl. Schrift geben uns einen wichtigen Hinweis auf die Existenz Gottes, die persönlichen Gotteserfahrungen, die wir als Priester immer wieder machen, schenken uns die absolute Sicherheit, dass es Gott gibt.

5) Die Heiligen

Ich denke, wir können für die Existenz Gottes noch weitere Argumente anführen. Es ist die große Zahl der Heiligen. Hier wird uns nicht nur die Existenz Gottes geoffenbart, sondern vor allem das machtvolle Wirken seiner Gnade. Ich habe viele Lebensberichte über Heilige gelesen. Alle sagen sie gemeinsam: Nur durch die Gnade Gottes bin ich, was ich bin. Gnade ist die Macht zum Guten. Gott schenkt sie jedem Menschen, der auf ihn zugeht, der ihn sucht und sich ihm öffnet. Diese Gnade Gottes hat schwere Sünder zu Heiligen gemacht.

Mich beeindruckt ein heiliger Paulus, der von einem Christushasser zu einem Christusfreund wurde. Ein ganzes Leben hat er in den Dienst Gottes gestellt, hat drei große Missionsreisen unternommen und der damaligen Welt den christlichen Glauben gebracht. Er hat große Strapazen auf sich genommen. Er wurde verfolgt, gegeißelt, gesteinigt und ins Gefängnis geworfen. Schließlich hat er für seine Liebe zu Christus das Martyrium erlitten. Er war als ehemaliger Schriftgelehrter eine geistige Kapazität, wie auch aus seinen Briefen hervorgeht, die eine große Christusliebe offenbaren.

Zu den ganz großen Heiligen zählt auch Augustinus. In seiner Jugend hat er ein sehr lasterhaftes Leben geführt. Durch das Gebet seiner Mutter Monika wurde ihm die Gnade der Bekehrung geschenkt. Er wurde schließlich Priester und Bischof. Durch seine Schriften wurde er in der ganzen Kirche bekannt als der große Kirchenlehrer des Abendlandes. Weltbekannt sind seine „Bekenntnisse", eine Selbstbiografie, in denen er seinen ganzen Lebensweg zum Glauben schildert.

Interessant ist auch das Leben des hl. Franziskus von Assisi, der auf Geld und Reichtum verzichtete und Christus in äußerster Armut nachfolgen wollte. Er hat im Mittelalter die franziskanische Armutsbewegung ausgelöst, der viele Frauen und Männer bis in unsere Zeit hinein folgen. Es gibt heute noch Tausende von Franziskanern und Franziskanerinnen, die seinem Vorbild folgen und aus Liebe zu Christus in Armut leben.

In unserer Zeit war es vor allem der hl. Maximilian Kolbe, der stellvertretend für einen Familienvater unter den Nazis in den Hungerbunker ging und dort für seinen Glauben an Christus starb. Seine Lebensgeschichte ist beeindruckend, vor allem das Ende. Man hatte ihn ins Gefängnis geworfen. Bei einer Strafmaßnahme musste jeder Zehnte vortreten. Es traf einen Familienvater, der neben ihm stand. Schnell wechselte er mit ihm den Platz und sagte zu dem Kommandanten: Er wolle für den Familienvater in den Hungerbunker gehen und sterben. Nach einer Pause willigte der Kommandant ein. Der polnische Familienvater war bei der späteren Heiligsprechung von Maximilian Kolbe in Rom dabei.

Am Schluss möchte ich noch Mutter Teresa nennen, die auch bereits seliggesprochen wurde. Sie hat sich um die Ärmsten der Armen in Indien gekümmert und damit eine Revolution der Liebe ausgelöst. Tausende von Schwestern sind ihrem Beispiel in den Elendsvierteln der Welt gefolgt.

Bei allen Heiligen müssen wir sagen: Sie haben aus Liebe zu Gott ihr Leben in den Dienst der Menschen gestellt und dort für die Menschheit mit Tat-und Opferkraft Großes geleistet. Es waren keine religiösen Fanatiker. Aber aus der Kraft des Glaubens und der Gnade Gottes haben sie die Welt zum Guten verändert. Sie sind Zeugen für die Existenz Gottes.

6) Wallfahrtsorte

Mit meinem Zwillingsbruder habe ich zahlreiche Wall-fahrtorte besucht, auch die beiden größten in Europa, Lourdes und Fatima, zwei Marienwallfahrtsorte. In Lour-des/Frankreich ist Maria der hl. Bernadette erschienen und in Fatima drei Hirtenkindern. Es handelt sich hier um Privatoffenbarungen, an die kein Katholik glauben muss. Nach eingehender Beschäftigung mit diesen Ereignissen bin ich von der Glaubwürdigkeit dieser Kinder überzeugt. Zwei Dinge haben uns immer sehr bewegt. In allen Kirchen und Kapellen fanden wir unzählige Votivtäfelchen mit der Aufschrift: Maria zum Dank oder Dank für deine Hilfe. Tausende von Menschen haben hier also schon die Hilfe der Gottesmutter erfahren. Beeindruckend ist aber auch die gro-ße Zahl, die zu den Wallfahrtsorten aus aller Welt kommt. Als wir in Fatima waren, nahmen an der hl. Messe im Freien 25 Bischöfe, 400 Priester und 600 000 Gläubige teil. Das war eine großartige, internationale Begegnung. Man steht also mit seinem Glauben nicht allein da. Millionen und Milliarden glauben an einen Gott. Ist das nicht auch ein Argument für die Existenz Gottes?

7) André Frossard

Am Schluss meiner Betrachtungen über die Existenz Gottes möchte ich ein Buch anführen, das von André Frossard, einem französischen Journalisten, geschrieben wurde und in den Siebzigerjahren in Frankreich und Deutschland ein Bestseller war. Es trägt den Titel: „Gott existiert – ich bin ihm begegnet". Hier berichtet er von einer eigenartigen Gottbegegnung, die sein ganzes Leben verwandelt hat. Den größten Teil seines Buches nimmt die langatmige Beschreibung seiner Kindheits- und Jugendjahre ein, in der er nachzuweisen versucht, dass bei ihm keinerlei Voraussetzungen für eine Gottbegegnung vorhanden waren. In dem Ort, wo er groß wurde, gab es keine katholische Kirche. Sein Vater war überzeugter Kommunist und Atheist. Über Gott sich auch nur zu unterhalten, wurde als reine Zeitverschwendung angesehen. Mit 20 Jahren hatte er dann folgendes Erlebnis. Er betrat aus Langeweile eine Kapelle der Schwestern von der Sühnenden Anbetung. Eigentlich wollte er vor der Kapelle einen Freund treffen, der auf sich warten ließ. Mehr zufällig ging er in die Kapelle hinein. Da kam das große Ereignis über ihn, das der damals bereits 54-Jährige mit folgenden Worten beschreibt:
Ich sah, wie der Himmel sich auftat, der Himmel, der

einem unzerstörbaren Kristall gleicht von unendlicher Durchsichtigkeit und einer fast unerträglichen Helle. Es gibt eine Ordnung im Universum, und an der Spitze steht Gott. Diesen Gott erfährt er als eine Person, die eine unsagbare Milde ausstrahlt, die den härtesten Stein zerbricht, und was noch härter ist als ein Stein, das menschliche Herz. Er ruft aus: Gott existiert und alles ist wahr. Diese Vision, die 3 bis 4 Minuten dauerte, war von einer unsagbaren Freude begleitet.

Sicher eine ungewöhnliche Vision, die wir nur von den Propheten her kennen, denen Gott auf ähnliche Weise erschienen ist, um der Menschheit eine wichtige Botschaft zu verkünden (vgl. Mose im brennenden Dornbusch). Ich halte diese Gottbegegnung für echt, denn immerhin hat sie das ganze Leben des Buchautors verändert. Nachträglich sei noch bemerkt, dass die Schwestern von der Sühnenden Anbetung ihr ganzes Leben im Gebet und Opfer verbringen zur Bekehrung der Sünder.

Jeder Mensch kann Gott mit seinem Verstand erkennen. Die angeführten Argumente sind für uns Priesterzwillinge überzeugend. Dennoch gehen wir im christlichen Glaubensbekenntnis noch einen Schritt weiter. Wir sagen: Ich glaube an Gott. Wenn ich Gott mit dem Verstand erkennen kann, brauche ich nicht an ihn zu glauben. Die Erkenntnis Gottes ist zunächst einmal ein rein rationaler Akt, der mich zu nichts verpflichtet. Wenn ich aber sage: „Ich glaube an Gott", dann wird damit eine fundamentale Lebensentscheidung getroffen; denn im Glaubensakt vertraue ich Gott mein Leben an. Er wird zum Fundament meines Lebens. Sein Wille bestimmt fortan meinen Lebensweg. Dennoch soll hier deutlich werden, dass zwischen Glaube und Verstand kein Gegensatz besteht, wie übrigens auch Papst Benedikt XVI. in seinem Buch „Licht der Welt" dies unmissverständlich deutlich macht. Ich denke, es ist wichtig zu erkennen, dass unser Glaube kein blinder Glaube ist, sondern ein vernünftiger Glaube, der aufgrund der angeführten Argumente durchaus vor dem Verstand bestehen kann. Um das noch einmal in einem Bild abzurunden, möchte ich folgenden Vergleich bringen: Wenn ich in einem Schwimmbad vor einem Becken stehe, in dem kein Wasser ist, und springe dort hinein, dann ist das ein blinder Glaube. Wenn ich mich aber vorher überzeugt habe, dass dort Wasser drin ist, dann ist das ein vernünftiger Glaube. Dann werde ich spüren, dass mich der Glaube wie das Wasser trägt.

B. Gottesbild

1) Falsche Gottesbilder

Welche Vorstellungen haben wir von Gott? Wie sieht Gott aus? Welche Eigenschaften hat Gott? Das ist eine sehr wichtige, lebensentscheidende Frage. Ja, wir glauben alle an einen Gott. Aber das Bild, das sich die Menschen von

Gott machen, ist doch sehr unterschiedlich. Wir wollen zunächst einmal einige einseitige und falsche Gottesbilder anführen, um dann das christliche Gottesbild darzustellen.

a) Der Opa-Gott

Viele Menschen stellen sich Gott vor wie einen alten Opa. Er hat einen langen Bart und sitzt in einem großen Sessel. Er ist lieb und groß und kann keiner Fliege etwas zuleide tun, wie halt Großväter so sind. Die Enkel können machen, was sie wollen, der Opa lächelt nur und ist ganz lieb zu ihnen. Genauso ist Gott ganz lieb zu den Menschen. Sie können machen, was sie wollen. Er lächelt nur und lässt alles durchgehen.

b) Der Tyrannen-Gott

Dann gibt es Menschen, die glauben, dass Gott ein Tyrann ist. Er macht mit den Menschen, was er will. Sie haben ihm auf Gedeih und Verderb zu gehorchen. Die Menschen sind Sklaven seiner Willkür. Diesem Gott liegt nichts am Menschen. Die Menschen sind ihm egal und absolut gleichgültig. Diese Gottesvorstellung finden wir vor allem bei primitiven Völkern vor. Hier wird Gott als ein Willkürgott angesehen. Man hat große Angst vor ihm. Deshalb versucht man ihn mit Zauberriten gnädig zu stimmen.

c) Der Richtergott

Viele sehen in Gott vor allem einen Richter, der das Gute zu belohnen und das Böse zu bestrafen weiß. Eine solche Vorstellung hatte vor allem Martin Luther. Ihn quälte die

Frage: Wie finde ich einen gnädigen Gott? Sicher ist Gott auch ein Richter, vor dessen Gericht wir einmal unser ganzes Leben zu verantworten haben. Gerechtigkeit ist aber nicht seine Haupteigenschaft. Das Gottesbild ist zu einseitig.

d) Der Automaten-Gott

Es gibt Menschen, die sehen in Gott einen Automaten. Wenn man in einen Automaten oben das Geld hineinwirft, kommt unten der gewünschte Artikel heraus. Und so meinen diese Menschen: Wenn ich Gott um etwas bitte, dann hat er gefälligst meine Bitte sofort zu erhören und die gewünschte Hilfe zu gewähren. Sie sind enttäuscht, wenn dann nichts geschieht. Sicher können wir Gott um alles bitten, aber wir müssen es ihm überlassen, wann und wie er unsere Bitten erfüllt. Gott ist nicht unser Befehlsempfänger.

e) Der Deisten-Gott

Es gibt Menschen, die behaupten, dass Gott die Welt erschaffen hat, aber sich dann nicht mehr um seine Geschöpfe kümmert. Das ist auch der Grund, weshalb es in der Welt so viel Leid und so viele Kriege gibt. Gott liegt eben am Schicksal des Menschen nichts. Er ist wie eine schlechte Mutter, die ihr Kind geboren hat und sich dann nicht mehr darum kümmert.

Es ist ganz wichtig, welches Bild wir von Gott haben, denn davon hängt unsere Haltung gegenüber Gott ab. Entweder lehnen wir ihn gleichgültig und uninteressiert ab oder er bedeutet etwas für unser Leben. Viele lehnen Gott ab, weil sie ein falsches Bild von Gott haben.

2) Der Gott Jahwe (AT)

Auf dem Hintergrund dieser einseitigen und falschen Gottesbilder wollen wir nun die richtige Vorstellung von Gott herausarbeiten, wie sie uns in der Hl. Schrift begegnet. Schauen wir zunächst einmal in das Alte Testament. Hier hat Gott dem Mose im brennenden Dornbusch seinen Namen geoffenbart: Ich bin Jahwe. Diesen Namen kann man auf zweifache Weise übersetzen. Die eine Übersetzung lautet: Ich bin, der ich bin. Ich bin also der Gott, der immer da war. Ich habe keinen Anfang und kein Ende. Ich lebe immer in der Gegenwart. Insofern ist Gott der Schöpfer des Himmels und der Erde. Jahwe heißt aber auch: Ich bin da. Ich bin also der Gott, der immer für euch da ist, der auf eurer Seite steht, der euch liebt. Ihr Menschen seid ihm keineswegs gleichgültig, sondern ihm ist viel an eurem Schicksal gelegen. Ich bin ein menschenfreundlicher Gott. Das hat Gott in der langen Geschichte seines Volkes immer wieder unter Beweis gestellt. Er hat sein auserwähltes Volk Israel wunderbar durch das Rote Meer geführt. In der Wüste gab er seinem Volk Manna und Wachteln als Nahrung und Wasser aus dem Felsen. Schließlich führte er sie in das Gelobte Land und sorgte auch weiterhin für sein Volk.

3) Der Vatergott (NT)

Im Neuen Testament leuchtet uns Gott als Vater auf. Jesus lehrt uns, in Gott vor allem einen guten Vater zu sehen. Deshalb sollen wir ihn anreden: „Vater unser". Was das bedeutet, wollen wir im Einzelnen nun darlegen.

a) Der dreifaltige Gott

Gott ist die Liebe. Das ist seine Haupteigenschaft. Diese Liebe liegt in der Dreifaltigkeit Gottes begründet. Gott ist dreifaltig einer. Gott ist Gemeinschaft von Vater, Sohn und Heiligem Geist. Liebe ist eben nur in Gemeinschaft möglich. Der Vater liebt den Sohn und der Sohn liebt den Vater. Die Liebe dieser beiden erzeugt dann den Heiligen Geist, die Person gewordene Liebe. Wir verehren also den einen Gott in drei Personen. Alle drei Personen sind verschieden, aber gleich in ihrer Natur, also gleich ewig, gleich mächtig, gleich an Herrlichkeit. Wichtig ist, dass dieser Gott eine Person ist. Er hat ein Antlitz. Wir können mit ihm Kontakt aufnehmen. Wir können mit ihm sprechen.

Die Dreifaltigkeit und die damit verbundene Liebe macht das Wesen Gottes aus. Dieses christliche Gottesbild ist einmalig in der Welt. Wir können diese Dreifaltigkeit nur in Bildern verstehen. Ein Bild ist die Familie. Der Vater liebt die Mutter und die Mutter liebt den Vater. Die Liebe der beiden zueinander erzeugen das Kind. Hier haben wir eine Familie in drei verschiedenen Personen.

Auch das Wasser ist ein schönes Bild für die Dreifaltigkeit.

Normalerweise ist das Wasser flüssig. Wenn aber die Temperatur unter Null geht, wird das Wasser fest und zu Eis. Geht die Temperatur aber auf 100 Grad hinauf, wird das Wasser zu Dampf, also gasförmig. Es gibt also drei Formen ein und desselben Wassers.

Ein beliebtes Bild ist auch die Sonne. Der Sonnenball ist der Vater, der Sonnenstrahl ist der Sohn, der auf die Erde kam, und der Heilige Geist ist das Licht und die Wärme, die Glaube, Hoffnung und Liebe in den Herzen der Menschen wachsen lassen.

Oft wird auch das gleichseitige Dreieck als Bild für die Dreifaltigkeit herangezogen. Es hat zwar drei verschiedene Ecken, aber es ist nur eine geometrische Fläche.

Sicher sind die Bilder wertvolle Hilfen für das Verständnis des dreifaltigen Gottes, aber ganz können wir nicht in das große Geheimnis eindringen. Es gibt eine schöne Legende von Augustinus, der ein berühmtes Buch über die Dreifaltigkeit geschrieben hat. Eines Tages kam Augustinus ans Meer. Da sah er, wie ein Junge, der ein Loch in den Sand gemacht hatte, ständig mit einem Gefäß zum Meer lief, um das Loch mit Meerwasser zu füllen. Augustinus fragte den Knaben: „Was tust du da?" Der Junge gab zur Antwort: Ich schöpfe das Wasser des Meeres in das Loch. Augustinus meinte: Wie willst du nur das große Meer in das kleine Loch hineinbekommen? Daraufhin gab ihm der Junge zur Antwort: Wie willst du nur den großen Gott in deinen kleinen Verstand hineinbekommen?

b) Liebender Gott

Im Alten Testament hat Gott seinen Namen geoffenbart mit den Worten: Ich bin Jahwe. Ich bin der Gott, der immer für euch da ist. Ich liebe die Menschen. Jesus lehrt uns, zu diesem Gott Vater sagen. In der Hl. Schrift heißt es sogar einmal, dass wir Gott mit dem sehr vertrauten Wort „abba" anreden sollen. Wir würden es ins Deutsche mit dem Wort Papa übersetzen. Gott ist unser lieber Papa, der sich um all seine Geschöpfe kümmert, natürlich am meisten um den Menschen, den er als sein Ebenbild erschaffen hat. Wir begreifen also unsere Verbindung zu Gott im Vater-Kind-Verhältnis. Er ist also der gute Vater, der uns nicht nur erschaffen hat, sondern uns auch ständig umsorgt, an den wir uns wie ein Kind vertrauensvoll wenden können in dem frohen Bewusstsein, dass er uns immer erhört. Er ist unser treuer Wegbegleiter. Im Grunde genommen sagt der Name Vater im Neuen Testament genau das aus, was die Juden im Alten Testament mit dem Wort Jahwe ausdrücken wollten. Gott ist ein menschenfreundlicher Gott.

Einige Feministen meinen, man müsse Gott doch auch Mutter nennen dürfen. Sicher könnte man Gott auch als Mutter bezeichnen, die ihre Kinder liebt und sich für sie ein Leben lang aufopfert. In der Schrift heißt es sogar: Gott liebt den Menschen wie die Mutter ihr einziges Kind. Und würde die Mutter ihr Kind verlassen, Gott nicht.

Damit wird aber auch im Bild von Vater und Mutter deutlich, dass die Haupteigenschaft Gottes die Liebe ist. Im Letzten liegt diese Liebe im dreifaltigen Gott begründet. Der Beweis für diese Liebe ist die Menschwerdung des Gottessohnes Jesus Christus, der uns in allem gleich geworden ist außer der Sünde. Vor allem ist es der Kreuzestod, der uns die ganze Liebe Gottes geoffenbart hat. Eine größere Liebe hat niemand, als wer sein Leben hingibt für seine Freunde. Das hat Christus selbst gesagt und damit seinen gewaltsamen Tod als letzte Hingabe an den Menschen gedeutet.

c) Gerechter Gott

Bei aller Liebe dürfen wir aber nicht übersehen, dass Gott auch der gerechte Gott ist, vor dem wir im Gericht nach dem Tode unser ganzes Leben verantworten müssen. Das hat uns vor allem Matthäus in seiner Weltgerichtsszene (Kap. 25) deutlich gemacht. Am Ende der Welt wird Christus als der Weltenrichter auf den Wolken des Himmels erscheinen und die Guten von den Bösen trennen. Zu den Guten wird er sagen: Kommt, ihr Gesegneten meines Vaters, in das Reich, das euch bereitet ist: Denn ich bin hungrig gewesen, und ihr habt mir zu essen gegeben. Wahrlich, was ihr dem geringsten meiner Brüder getan habt, das habt ihr mir getan. Zu den Bösen aber wird er sagen: Hinweg von mir in das ewige Feuer der Hölle. Wir sehen, dass Gott auch ein gerechter Gott ist. Unser ganzes Leben steht dann auf dem Prüfstand. Er wird uns vor allem beurteilen nach dem Maß der Liebe, das wir auf Erden geübt haben. Mit dem Maß, mit dem ihr messet, wird euch wieder gemessen werden. Wundert uns das? Weil Gott die Liebe ist, verlangt er auch von den

Menschen im Hauptgebot die Liebe: Du sollst Gott lieben und deinen Nächsten wie dich selbst. Deshalb wird auch im Endgericht das Maß der Liebe entscheidend sein. Wie Liebe und Gerechtigkeit bei Gott zusammengehören, weiß man nicht. Wohl heißt es in der Schrift, dass seine Liebe (Barmherzigkeit) größer ist als seine Gerechtigkeit.

d) Geheimnisvoller Gott

Wir müssen das Gottesbild noch nach einer anderen Seite ergänzen. Gott ist nicht nur der liebe und gerechte Gott, sondern auch der geheimnisvolle Gott, den wir nicht immer verstehen. Wir dürfen die Liebe Gottes nicht überziehen, denn sonst wird unser Gottesbild einseitig und falsch.

Ein Kind hat das einmal so zum Ausdruck gebracht: Meine Mutter hat ein Kind erwartet. Sie hat sich so darauf gefreut. Bei der Geburt aber war das Kind tot. Gott ist gemein.

Gott ist eben auch der geheimnisvolle Gott, den wir nicht immer verstehen. Meine Gedanken sind nicht eure Gedanken und meine Pläne sind nicht eure Pläne. Karl Rahner hat einmal gesagt: Gott wäre eben nicht Gott, wenn wir ihm nur erlauben würden, nach unseren menschlichen Vorstellungen zu handeln. Er ist und bleibt der souveräne Gott, dessen Wirken wir nicht immer verstehen, der uns manchmal große Rätsel aufgibt und für uns in seinem Tun unbegreiflich ist. Er ist auch der deus absconditus, der verborgene und geheimnisvolle Gott. Oft nach Jahren begreifen wir dann, wie gut und sinnvoll er an uns gehandelt hat. Ein Stück Gottes- und Lebenserfahrung sagt mir, dass Gott zu 80 % der liebe Gott ist, zu 15 % der gerechte Gott und zu 5 % der geheimnisvolle Gott.

4) Das Theodizee-Problem

Das Theodizee-Problem ist das größte Problem, das unserm Bild vom liebenden Gott die größten Schwierigkeiten bereitet. Keine Religion und keine Weltanschauung hat es zu lösen vermocht, auch nicht unser christlicher Glaube. Man kann es auf die Formel bringen: Wie kann der gute Gott das furchtbare Leid, den Hunger in der Welt und all die Kriege zulassen, in denen so viele unschuldige Menschen dahingerafft werden? Wo war Gott, als unter Hitler 6 Millionen unschuldiger Juden bewusst vernichtet wurden?

Ich kann diese Frage auch nicht lösen, möchte aber doch ein wenig Licht in dieses große Rätsel hineinbringen. Ich meine, es hätte etwas mit unserer Freiheit zu tun. Das größte Geschenk, das Gott dem Menschen anvertraut hat, ist seine Freiheit. Damit erhebt sich der Mensch weithin über alle Geschöpfe. Er wollte Wesen schaffen, die ihm nicht auf Grund eines Instinktes gehorchen, sondern die ihm in Freiheit dienen (Ebenbild Gottes). Allerdings hat Gott diese Freiheit als eine Freiheit zum Guten verstanden. Der Mensch sollte sich also in Freiheit für Gott und das Gute entscheiden. Gott hätte also die Freiheit des

Menschen durchaus begrenzen können. Vielleicht hätte er es besser auch so getan. Aber Gott ging noch einen Schritt weiter. Er schenkte dem Menschen sogar eine Wahlfreiheit. Damit konnte sich der Mensch auch gegen Gott entscheiden. Diese Möglichkeit ließ Gott zu. Damit ist Gott ein hohes Risiko eingegangen. Aber offenbar war ihm die völlig freie Entscheidung sehr viel wert. Durch den Missbrauch der Freiheit aber kam das Leid in die Welt. Das wird jeder Mensch bejahen, dass die Ursache des Leids in der Welt auf das Konto des Menschen geht. Gott will den Frieden unter den Menschen und nicht den Krieg. Dass es in der Welt teilweise so furchtbar aussieht, ist allein die Schuld des Menschen, der versagt. Gott will nicht das Böse und das Unheil der Menschen. Aber indem er dem Menschen die Wahlfreiheit geschenkt hat, hat er auch die Möglichkeit des Bösen und das Leid zugelassen. Ja, er hat es zugelassen, sonst hätte er unsere Freiheit beschneiden müssen. Aber, so müssen wir sagen, mit dem Missbrauch der Freiheit können wir auch nicht alles erklären. Es gibt auch viele Naturkatastrophen wie Erdbeben, Stürme und Vulkanausbrüche, die nicht durch Menschen verursacht werden, bei denen auch viel Leid auf die Menschen herabkommt. Trotz aller Erklärungsversuche bleibt das Leid ein Rätsel in dieser Welt.

Auch Christus hat das Problem nicht gelöst. Das Leid bleibt auch nach seiner Menschwerdung und nach seinem Kreuzestod eine Realität in dieser Welt. Aber er hat sich mit den Leidenden solidarisch erklärt, indem er selbst am Leiden dieser Welt teilgenommen hat. Er hat Leid und

Kreuz auf sich genommen. So ist er auch im Leiden und Sterben einer von uns geworden. Dennoch hat er uns im Leid eine Hoffnung gegeben. Kreuz und Leid sind nur Durchgangsstation zur Auferstehung. Es erwartet uns eine Welt voll Freude, ohne Leid. Paulus sagt: Die Leiden dieser Zeit sind nicht zu vergleichen mit der Herrlichkeit, die an uns offenbar werden soll. Diese Hoffnung nimmt das Leid nicht aus dem Leben der Menschen, aber es gibt uns eine große Kraft zum Durchhalten.

Der liebe Gott und das Leid, ein Rätsel und Ärgernis. Vielleicht soll uns immer wieder die Vergänglichkeit dieser Welt bewusst gemacht werden, um in uns die Sehnsucht nach einer besseren Welt wachzuhalten.

3. KAPITEL: DAS MENSCHENBILD

1) Falsche Menschenbilder

Der Mensch ist sich selbst ein Rätsel. Er fragt sich: Wer bin ich? Woher komme ich? Wohin gehe ich? Warum bin ich überhaupt auf Erden? Was ist Sinn und Ziel meines Lebens? Über diese Fragen haben sich alle Religionen, Philosophien und Weltanschauungen Gedanken gemacht. Sie haben alle ihr eigenes Bild vom Menschen entwickelt. Einige solcher Bilder möchte ich hier anführen, um dann das christliche Bild vom Menschen zur Darstellung zu bringen.

a) Übermensch

Der Philosoph Friedrich Nietzsche hatte den Traum von einem Übermenschen, den er erziehen wollte. Er meinte: Von da an wird der Mensch immer größer werden, wenn er nicht mehr in einem Gott ausläuft. Der Mensch ohne Gott ist sein eigener Gesetzgeber. Er bestimmt dann selbst, was richtig und falsch ist. Er ist autonom und braucht sich deshalb nicht mehr nach dem Willen eines höheren Wesens zu richten. Solche Übermenschen hat es zu allen Zeiten gegeben. Da brauchen wir nur auf die Diktatoren des 20. Jahrhunderts zu schauen (Hitler). Alle diese Übermenschen wollten sein wie Gott.

b) Untermensch

Auch der Kommunismus wollte einen neuen Menschen schaffen. Alle Menschen sollten gleich sein. Alle Menschen sollten das Gleiche besitzen. Es sollte nur noch Gemeineigentum geben. Das Privateigentum sollte abgeschafft werden. Alle sollten wie Brüder und Schwestern harmonisch zusammenleben. Das wäre dann das Paradies auf Erden. Dazu brauchen wir keinen Gott und keine Religion. Eine Vertröstung auf ein Jenseits bringt nichts. Wir müssen durch unsere Arbeit selbst das Paradies schaffen. Eine Utopie, an den Realitäten des Lebens vorbei! 70 Jahre hat dieser Traum gedauert, bis er in einem Teil der Welt wie ein Kartenhaus zusammenbrach. Und was hat man produziert? Einen Untermenschen, seiner Freiheit beraubt, eingesperrt hinter Mauern und Stacheldrahtzäunen, einen Menschen ohne Würde und Gewissen, willenloses Werkzeug eines allmächtigen Staates. An diesem falschen Menschenbild ist der Kommunismus im Letzten gescheitert.

c) Zufallsprodukt

Oder ist der Mensch nur ein Zufallsprodukt der Natur, wie zahlreiche Naturwissenschaftler behaupten? Alles Leben hat sich im Letzten aus einer Zelle entwickelt. Jedenfalls lehrt uns das die Evolution. Alles Leben kommt aus dem Meer. Dann entstanden die Pflanzen und Tiere, zuletzt der Mensch. Die Gesetze liegen in der Natur und haben diese Entwicklung bewirkt. Dazu brauchen wir keinen Gott. Aber kann die Natur aus sich heraus ein solches Wunderwerk der Schöpfung aus eigener Kraft schaffen? Kann diese Höherentwicklung und Zielstrebigkeit (Entelechie) mit dem Zufall erklärt werden? Hier wäre der Mensch nur ein höher entwickeltes Tier. Er ist aus Staub gebildet und kehrt wieder zum Staub zurück. Ein Leben nach dem Tod gibt es nicht.

2) Ebenbild Gottes

Auf dem Hintergrund dieser falschen Menschenbilder hebt sich die christliche Auffassung vom Menschen wohltuend ab. Der Mensch ist Ebenbild Gottes. Das ist eine großartige und fundamentale Aussage. In dieser Aussage liegt das ganze Wesen des Menschen begründet. Der Mensch ist Gott ähnlich und verdankt sein ganzes Sein und seine ganze Würde einem personalen Gott. Dieses christliche Menschenbild hat mich ein Leben lang fasziniert und ist ein ganz entscheidender Grund, weshalb mein Bruder und ich überzeugte Christen geworden sind. Dieses christliche Menschenbild gilt es nun im Einzelnen darzulegen.

a) Würde

Gott schuf den Menschen nach seinem Bild, als Mann und Frau erschuf er ihn, so lautet der entscheidende Satz im Schöpfungsbericht. Darin liegt seine Würde begründet, die ihm kein Mensch, keine Gesellschaft und kein Staat nehmen kann. Diese Würde kommt jedem Menschen zu, ob arm oder reich, ob weiß oder schwarz, ob krank oder gesund, ob angesehen oder unbedeutend, ob normal oder behindert, ob Mann oder Frau. In den Augen Gottes sind alle gleich und haben alle Menschen den gleichen Wert. Diesen Wert kann uns keiner nehmen. Was ist das für eine wunderbare Aussage? Was ist das für ein wunderbares Gefühl? Ich bin wer. Gott garantiert meine Würde. In seinen Augen bin ich unendlich wertvoll, ganz abgesehen davon, dass ich von ihm unendlich geliebt werde. Alfred Delp hat einmal gesagt: Gott gehört in die Definition des Menschen. Und Augustinus meint: Du hast uns für dich geschaffen, o Gott, und unruhig ist unser Herz, bis es ruhet in dir. Nur von Gott her können wir den Menschen deuten und verstehen. Streicht man Gott, dann ist es auch um den Menschen geschehen, dann ist der Mensch dem Untergang geweiht. Die Würde des Menschen ist unantastbar, so lautet der 1. Artikel des Grundgesetzes. Der tiefste Grund liegt in der Ebenbildlichkeit Gottes.

b) Verstand

Worin liegt die Gottebenbildlichkeit näher? Der Mensch hat wie Gott Verstand und Geist. Damit überragt er die ganze Pflanzen- und Tierwelt. Im Gegensatz zur übrigen Schöpfung ist der Mensch sich seiner Existenz bewusst.
Der Mensch besteht aus der Materie dieser Erde. Sein Leib ist aus Staub gebildet und kehrt zum Staub dieser Erde zurück. Heute wissen wir durch die Naturwissenschaft, dass der Leib eine lange Entwicklung (Evolution) vom Einzeller bis zum Menschen durchgemacht hat. Dies wi-

derspricht nicht dem Schöpfungsbericht, nach dem der Mensch ein Teil dieser Materie ist. Aber das ist nur ein Teil des Menschen. In einem eigenen Schöpfungsakt hat Gott dem Menschen eine unsterbliche Geistseele eingehaucht, die den Tod überdauert und zu Gott zurückkehrt.

c) Freiheit

Neben dem Verstand ist das größte Geschenk, das Gott dem Menschen gegeben hat, die Freiheit. Der Mensch hat einen freien Willen, mit dem er freie Entscheidungen treffen kann. Mit diesem freien Willen erhebt er sich weit über die ganze Welt, die dem Willen Gottes folgen muss durch die Gesetze, die Gott in sie hineingelegt hat. Auch das Tier folgt seinem Instinkt.

Der Mensch aber hat einen freien Willen. Damit erhebt er sich weit über die ganze Schöpfung. Er ist die Krone der Schöpfung. Warum hat Gott dem Menschen die Freiheit gegeben? Nun, Gott hat die ganze Schöpfung ins Dasein gerufen, damit sie seine Größe und Macht verkündet. Die ganze Schöpfung soll Gott verherrlichen. Die vernunftlose Welt tut das durch ihre Existenz. Die mächtigen Berge verkünden etwas von der Größe und Macht Gottes. Die Blumen offenbaren uns die Schönheit Gottes. Die Tiere zeigen etwas von der Fülle des Lebens, das in Gott verborgen ist. Alle Geschöpfe tun es, weil Gottes Weisheit eine Ordnung und Gesetzmäßigkeit in sie hineingelegt hat. Gott aber hat den Menschen erschaffen, damit er in Freiheit ihm diene und ihn verherrliche. Die Menschen sollten ihm in Freiheit gehorchen und seine Größe, Güte und Liebe verkünden. Die Freiheit ist deshalb ein hohes Gut. Im Grunde genommen hat Gott dem Menschen die Freiheit geschenkt, damit der Mensch sich für Gott und das Gute entscheidet. Er wollte, dass der Mensch ihn frei bejaht. Deshalb ist auch ein erzwungener Glaube an Gott in den Augen Gottes wertlos. Die christliche Freiheit ist in ihrer Grundintention als eine Freiheit zum Guten zu verstehen. Es ist eine Freiheit, die sich freiwillig bindet an Werte und Gebote. Aber sie ist auch eine Wahlfreiheit, mit der der Mensch sich gegen Gott richten kann. Damit ist Gott natürlich ein großes Risiko eingegangen. Gott hatte zwar gehofft, der Mensch würde sich in Freiheit für ihn entscheiden, aber er hat auch den Missbrauch der Freiheit mit einkalkuliert. Immerhin wird jedem Menschen bewusst, wie hoch Gott die freie Entscheidung des Menschen einschätzt.

Sicher ist die Freiheit des Menschen eingeschränkt durch Erbanlagen, durch das Milieu, durch Erziehung und durch Krankheiten, dennoch bleibt noch ein großer Raum für freie Entscheidungen. Jeder ist seines Glückes Schmied. Jeder hat es in der Hand, freie Lebensentscheidungen zu treffen. Zu behaupten, die Freiheit des Menschen sei so eingeschränkt, dass man ihm den freien Willen absprechen müsse, können wir als Christen keineswegs bejahen. Dann würde man ihn seiner Würde berauben. Dann ist der Mensch auch schuldunfähig und man dürfte keinen Verbrecher ins Gefängnis werfen.

d) Schöpfertätigkeit

Der Mensch ist ganz und gar Geschöpf Gottes. Das muss er in aller Demut anerkennen. Alles, was er hat, hat er als Geschenk von Gott erhalten. Du gabst, o Herr, mir Sein und Leben und deiner Lehre himmlisch' Licht. Was kann dafür ich Staub dir geben, nur danken kann ich, mehr doch nicht (Schubert). Der Mensch ist nicht autonom. Deshalb muss er ständig der paradiesischen Urversuchung widerstehen, wie Gott sein zu wollen.

Aber Gott hat den Menschen an seiner Schöpfertätigkeit teilnehmen lassen. Im Schöpfungsbericht heißt es: Wachset und mehret euch. Macht euch die Erde untertan. Auch das gehört zu seiner Ebenbildlichkeit, dass er schöpferisch tätig wird. Der Mensch soll sich die Welt dienstbar machen und sie verschönern. Er soll die Kräfte der Natur dem Menschen unterordnen. Vor allem aber soll er das Leben auf dieser Erde menschenwürdiger gestalten. Arbeit ist Schöpfertätigkeit und gehört so zum Wesen des Menschen.

Damit der Mensch diese Schöpfertätigkeit zur Entfaltung bringen kann, hat Gott Fähigkeiten und Talente in seine Natur hineingelegt. Hier hat auch das biblische Gleichnis von den Talenten seinen Platz. Gott gab dem einen 5 Talente, dem anderen 2 und wieder einem anderen 1 Talent. Die beiden ersten arbeiten erfolgreich mit ihren Talenten, der letzte aber nicht. Er lässt sein Talent brachliegen und wird vom Herrn deshalb getadelt. Wenn auch jeder Mensch in den Augen Gottes gleich wertvoll ist, so sind die Gaben und Talente doch von Gott unterschiedlich verteilt worden. Dem einen gab er mehr Talente, dem anderen weniger. Keiner aber geht leer aus. Der eine hat die Gabe des Lehrens. Er wird ein guter Lehrer, wenn er seine Gabe zur Entfaltung bringt. Der andere hat die Gabe des Herzens und findet im Dienst an den Kranken und Alten Erfüllung. Und wieder ein anderer ist praktisch veranlagt und wird ein guter Handwerker. Keiner aber darf seine Talente nur egoistisch für sich gebrauchen, nein, er soll damit auch den anderen Menschen dienen. Paulus mahnt uns: Dienet einander mit den Gaben, die euch von Gott anvertraut wurden. Vielleicht hat Gott den Menschen auch deshalb unterschiedliche Gaben gegeben, damit wir einander ergänzen. Jeder ist auf den anderen angewiesen. Das führt zur Kommunikation und Gemeinschaft.

Als Wesen, die mit Verstand und freiem Willen ausgestattet sind, werden wir zur Krone der Schöpfung. Wir werden hier an das Gleichnis vom Verwalter erinnert. Da gab es den Eigentümer, den Verwalter und den Knecht. Dem Eigentümer gehörte der Bauernhof. Er war darauf bedacht, sein Eigentum zu bewahren und zu vermehren. Der Eigentümer aber hatte auch zahlreiche Knechte. Sie hatten zu gehorchen und die Befehle des Herrn genau auszuführen. Der Verwalter nahm eine Zwischenstellung ein. Auf der einen Seite war er nicht der Eigentümer. Ihm gehörte der Bauernhof nicht. Aber er war auch nicht nur Knecht, der sich absolut an die Vorschriften seines Herrn halten musste. Nein, ihm war der Besitz des Herrn zur Verwaltung anvertraut worden. Er hatte also einen großen freien Spielraum. Er konnte freie Entscheidungen treffen.

Er konnte Knechte einstellen und entlassen. Er konnte das Gut seines Herrn vermehren oder verkleinern. Eines aber durfte er nicht. Er durfte das Eigentum seines Herrn nicht vergeuden. Er musste verantwortlich mit dem Besitz seines Herrn umgehen. Wenn wir das nun auf Gott und den Menschen übertragen, dann müssen wir sagen, dass Gott uns nicht als Knechte eingesetzt hat, die jeden einzelnen Befehl entgegennehmen müssen. Nein, Gott hat uns als Verwalter über diese Erde eingesetzt. Er hat uns mit Gaben und Talenten ausgestattet. Es liegt nun an unsern freien Entscheidungen, uns die Erde dienstbar zu machen und das Leben auf ihr menschenwürdiger. Wir können uns auch über große Errungenschaften erfreuen (Auto, Fernsehen, Flugzeuge, Maschinen etc.). Eines aber dürfen wir nicht: Wir dürfen das Eigentum Gottes, die Erde, nicht zerstören. Wir müssen verantwortlich mit der Schöpfung umgehen; denn wir sind schließlich nur Verwalter.

e) Individualität

Zum christlichen Menschenbild gehört auch die Individualität, d. h. Gott hat jeden Menschen einmalig erschaffen. Jeder Mensch ist ein Individuum. Ihn gibt es nicht ein zweites Mal auf dieser Welt. Darauf weist auch schon die DNA-Analyse hin. Gott haucht jedem Menschen beim Zeugungsakt eine unsterbliche Geistseele ein. Das gilt sogar für eineiige Zwillinge. Trotz großer Ähnlichkeiten und Interessen gibt es deutliche Unterschiede. Jeder ist eine eigene Persönlichkeit, die ihre eigenen Entscheidungen trifft, unabhängig von dem Zwillingspartner.

f) Geschlechtlichkeit

Die Geschlechtlichkeit gehört wesentlich zum Menschen. Im Schöpfungsbericht der Bibel hören wir, dass Gott den Menschen als Mann und Frau erschuf und ihnen den Auftrag gab: Wachset und mehret euch und bevölkert die Erde. Auch hier lässt Gott den Menschen an seinem Schöpfertum teilnehmen.

Mann und Frau sollen leiblich und seelisch eins werden. Sie sollen in der Liebe wachsen und reifen. Die eheliche Gemeinschaft hat zwei Ziele. Einmal dient die geschlechtliche Vereinigung der Liebe untereinander, zum anderen auch der Erzeugung von Nachwuchs. Der Ort der geschlechtlichen Begegnung ist nach christlicher Auffassung die Ehe. Sie ist unauflöslich und monogam (Einehe). Beide Partner bejahen also eine lebenslängliche Ehe. Diese Auffassung wird am meisten der Personenwürde des Menschen gerecht und ist auch wichtig für die Erziehung der Kinder, die sich in einer solchen Familie geborgen fühlen und zu verantwortlichen Menschen heranreifen können.

Aber es gibt nach den Worten der Schrift auch Menschen, die ganz bewusst auf Ehe und Familie verzichten. Das aber können nur gläubige Menschen verstehen. Jesus sagt: „Nicht alle verstehen dieses Wort, sondern nur die, denen das Verständnis dafür gegeben ist. Denn es ist so: Manche sind von Geburt an zur Ehe unfähig, manche sind von den Menschen dazu gemacht, und manche haben sich selbst dazu gemacht – um des Himmelreiches willen. Wer es fassen kann, der fasse es (Mt 19,11–12). Es gibt also Menschen, die aus Liebe zu Gott und den Menschen auf die Ehe freiwillig verzichten. Es ist die Ganzhingabe des Menschen an Gott. Diese Menschen leben in der Kirche in den Ordensgemeinschaften (Benediktiner, Dominikaner, Franziskaner). Diese Leute legen drei feierliche Gelübde ab: Armut, Keuschheit und Gehorsam. Sie wollen damit ihre Ganzhingabe an Gott deutlich machen und sind deshalb auch besondere Zeugen für die Existenz Gottes und einer jenseitigen Welt. Zu einer solchen Lebensaufgabe gehört aber eine besondere Berufung. Sie verzichten auf die Ehe um des Himmelreiches willen. Wer es fassen kann, der fasse es. Sicher ist hier auch der Zölibat des Priesters einzuordnen, der ja auch nur als Ganzhingabe an Gott und als Dienst an den Menschen verstanden werden kann.

g) Sozialwesen

Der Mensch ist ein Gemeinschaftswesen. Er kann allein nicht groß werden. Er kann allein nicht existieren. Die kleinste Gemeinschaft ist die Familie. Im Schöpfungsbericht heißt es, dass Gott über Adam einen Tiefschlaf kommen lässt, eine seiner Rippen nahm, um daraus die Frau zu bilden. Hier soll sicher nichts über die Entstehung der Frau ausgesagt werden, sondern in der Bildersprache, die den Orientalen zu eigen ist, etwas über das Wesen von Mann und Frau dargelegt werden, über ihre enge Zusammengehörigkeit. Ein jüdischer Schriftgelehrter hat diese Schriftstelle einmal so ausgelegt: Die Frau ist nicht aus dem Kopf des Mannes gebildet worden, damit sie nicht über ihn herrsche. Sie ist nicht aus den Füßen des Mannes hervorgegangen, damit sie ihm nicht sklavisch untertan sei. Sie ist vielmehr aus der Seite des Mannes entstanden, damit sie seinem Herzen nahe sei. Sie soll Seite an Seite mit ihm durch das Leben gehen als gleichberechtigte Partnerin und Lebensgefährtin. Sie sollen einander lieben, achten und ehren in guten und in schlechten Tagen. Sie sollen in der Liebe zueinander wachsen und sich vermehren. Damit aber ist die kleinste Zelle des gemeinschaftlichen Lebens geboren.

Langsam sind dann die Familien zu Sippen und größeren Gemeinschaften zusammengewachsen bis hin zu Staaten und Völkern, die heute weltweit verbunden sind und in einer großen Solidargemeinschaft leben. Hier gibt es für den Einzelnen Rechte und Pflichten, die für ein friedliches Miteinander sorgen. Der einzelne Mensch wird allein kaum überleben können.

h) Gewissen

Zum christlichen Menschenbild gehört das Gewissen. Die Gewissensfreiheit ist deshalb ein hohes Gut und muss von jedem anderen Menschen, und erst recht von einem Staat, respektiert werden. Die Gewissensfreiheit gehört zur Würde der menschlichen Person und muss deshalb auch in jeder Verfassung verankert sein.

Für den einzelnen Menschen ist das Gewissen die oberste moralische Instanz. Jeder Mensch muss immer und unbedingt seinem Gewissen folgen. Ja, er muss auch seinem irrigen Gewissen gehorchen, weil er es subjektiv nicht als ein solches erkennt. Mit dem Gewissen steht der Mensch nach christlicher Auffassung unmittelbar vor Gott, vor dem er seine Gewissensentscheidung zu verantworten hat.

Was aber verstehen wir unter dem Gewissen? Das Gewissen ist nicht irgendein vages Gefühl, sondern ein Organ zur Unterscheidung von Gut und Böse, das aus zwei Wesenselementen besteht, die ich mit den Worten angeboren und anerzogen bezeichnen möchte. So wie jeder Mensch einen angeborenen Verstand zum Denken hat, so hat auch jeder Mensch ein angeborenes Gewissen, das ihm sagt: Tu das Gute! Meide das Böse! Dieses Organ muss aber nach Normen ausgebildet werden. Das ist eine Sache der Erziehung. Der Mensch muss sein Gewissen bilden. Was Gut und Böse ist, sagen uns zum Beispiel die Zehn Gebote und das Liebesgebot, das Christus uns zur Erfüllung aufgegeben hat. Aber auch Jesus Christus und sein Wort, das wir in der Hl. Schrift vorfinden, und andere Vorbilder tragen zur Gewissensbildung bei. Dazu gehören natürlich auch die kirchlichen und staatlichen Gesetze, die es zu beachten gilt. Wenn man das angeborene Organ des Verstandes nicht ausbildet, wird der Mensch ein Analphabet. Ähnlich ist es auch mit dem angeborenen Organ des Gewissens. Wenn es nicht durch Normen ausgebildet wird, wird es nicht richtig funktionieren. Gewissen und Norm bedingen einander. Was hier gemeint ist, soll an einigen Beispielen erläutert werden.

Sicher wird der Mensch im Alltag nicht ständig Gewissensentscheidungen fällen müssen. Er wird wohl meistens den vorgegebenen Geboten und Vorschriften folgen. Aber bei der Berufswahl, die für den jungen Menschen von fundamentaler Bedeutung ist, wird er schon eine echte Gewissensentscheidung fällen müssen. Er wird sich viel Zeit nehmen müssen, um seine Begabungen und seine Talente zu entdecken. Er wird das Für und Wider für diesen oder jenen Beruf in Erwägung ziehen müssen. Als Christ wird er auch den Hl. Geist als Quelle der Erleuchtung anrufen müssen, bis dann schließlich nach langem Ringen die klare Gewissensentscheidung vorliegt. Ich habe auch persönlich viele Jahre gerungen, bis ich mich für den Priesterberuf endgültig entschieden habe. Es ist dann eine Gewissensentscheidung, die man im Vertrauen auf Gottes Gnade fällt. Beeindruckend ist hier, auch die Gestalt eines Thomas Morus zu erwähnen, den man als den Märtyrer des Gewissens bezeichnet. Im Gefängnis hat er Tage und Nächte um eine klare Gewissensentscheidung im Gebet gerungen. Schließlich wurde es ihm zur absoluten Gewissheit, dass er Gott mehr gehorchen musste als den Menschen. So ging er entschlossen in den Tod. – Sicher ist für einen jungen Menschen auch die Partnerwahl von entscheidender Bedeutung. Das ganze Leben hängt davon ab. Seine ganze Zukunft steht auf dem Spiel. Auch in dieser Situation muss man sich Zeit nehmen, um den anderen Partner besser kennenzulernen. Man muss zum Hl. Geist beten, um Klarheit zu gewinnen, bis man dann eine Entscheidung für das Leben fällen kann. – Ähnlich ist es mit dem Glauben. Das Traditionschristentum ist vorbei. Von jedem jungen Menschen wird eine klare Gewissensentscheidung verlangt, ob er den Weg des Glaubens gehen will. Unmissverständlich macht die Kirche das heute vor dem Empfang des Firmsakramentes deutlich. Der Firmunterricht versucht den großen Wert des Glaubens für das Leben darzustellen. In zahlreichen Gesprächen und Diskussionen werden Argumente erörtert, um dem jungen Menschen zu einer echten Gewissensentscheidung zu verhelfen. Nur wenn er den Lebenswert des Glaubens als eine große Bereicherung für das Leben erfahren hat, wird er sich für ein Leben aus dem Glauben entscheiden. Sicher ist mit dieser Entscheidung erst ein Anfang gesetzt. Aber wenn er sich auf den Weg macht, wird er spüren, dass dieser Glaube ihn trägt. So wird er immer mehr in den Glauben hineinwachsen und die Fülle des Glaubens erfahren. – Der moderne Mensch wird öfters als früher Gewissensentscheidungen treffen müssen, weil die Gesetze und Vorschriften des Staates und der Kirche allgemeine Gesetze sind, die zu wenig den Einzelfall berücksichtigen. Dann heißt es, Mut zur eigenen Entscheidung aufzubringen.

3) Der ideale Mensch Jesus

a) Der neue Adam

Das christliche Menschenbild basiert auf der alttestamentlichen Aussage, dass der Mensch Ebenbild Gottes ist. Diese Wahrheit erfährt nun eine Steigerung durch die Aussage, dass Jesus Christus dieses Menschenbild am besten verwirklicht hat. In der Tat er ist der edelste Mensch, der je über diese Erde gegangen ist. So hatte Gott sich eigentlich jeden Menschen vorgestellt. Gott hat also den Menschen erschaffen, weil er ein Wesen haben wollte, das ihm im Gegensatz zur unbewussten Schöpfung in Freiheit gehorchen und ihm dienen soll.

So sollten auch Adam und Eva, die beiden Prototypen der Menschheit, in Freiheit Gott dienen und nach einem glücklichen Leben für immer an seinem ewigen Leben teilnehmen. So wäre der Mensch vom Todeskampf verschont geblieben und nach einem tiefen Schlaf in das ewige Leben gelangt. Aber es kam anders. Adam und Eva missbrauchten ihre Freiheit. Sie wollten Gott nicht gehorchen. Ja, sie wollten sein wie Gott. Das aber führte zum Fall. Sie hatten den ursprünglichen Plan Gottes zerstört.

Und so schuf Gott ein neues Menschenpaar, Christus und Maria, die den ursprünglichen Plan Gottes voll und ganz in Freiheit im Gehorsam gegenüber Gott erfüllten. Beide gingen sie ohne Sünde durch das Leben, um dann zu einem ewigen Leben aufzuerstehen. So ist Christus der neue Adam und Maria die neue Eva.

b) Wahrer Mensch

Dieser Jesus ist als Gottes Sohn ganz Mensch geworden. Er wurde in allem uns gleich außer der Sünde. Er hat alle Höhen und Tiefen unseres Menschseins durchlebt. Er wurde versucht wie wir. Er hat gelitten wie wir. Er ist gestorben wie wir. Vor allem aber hat er vorbildlich Zeugnis gegeben von der Liebe Gottes. Er hat das Gebot der Liebe vollkommen gelebt. Er war unsagbar gut zu allen Menschen, zu den Sündern, denen er verzieh und die er zur Umkehr mahnte, zu den Kranken, die er heilte, zu den Kindern, die er segnete. Er war der vollkommenste Mensch, der je über diese Erde gegangen ist. Er hat das Ebenbild Gottes in voller Freiheit verwirklicht, ganz dem Willen des Vaters gehorsam. Er ist in seiner Person die verkörperte Menschenwürde. Ihm nachfolgen heißt, wahrhaft Mensch zu werden.

In seiner Person hat er auch die sieben Lebensfragen beantwortet, die uns existenziell bewegen: 1. Gibt es einen Gott? Ja, es gibt einen dreifaltigen Gott, Vater, Sohn und Hl. Geist. Dieser Gott ist die Liebe. 2. Was ist der Mensch? Woher kommt er? Wo geht er hin? Der Mensch ist Ebenbild Gottes und Bruder und Schwester Christi. Darin liegt seine ganze Würde begründet. Der Mensch kommt von Gott und kehrt wieder zu Gott zurück. 3. Wie ist das mit Gut und Böse? Gut ist das, was dem Willen Gottes entspricht. Das Böse ist der Ungehorsam gegenüber Gott und seinen Geboten. Das Böse kommt durch den Missbrauch der menschlichen Freiheit in diese Welt. 4. Warum gibt es das Leid in der Welt? Das meiste Leid kommt durch den Menschen in die Welt, der seine Freiheit missbraucht und sündigt. Das Leid ist also eine Folge der Sünde. 5. Wie finde ich den Weg zum wahren Glück? In der Nachfolge Christi; denn in Gott kommt die Sehnsucht nach Glück zur vollen Erfüllung. 6. Was geschieht nach dem Tode? Der Mensch wird wie Christus von den Toten auferstehen, um dann für immer an der liebenden Gemeinschaft mit Gott in Freuden teilnehmen zu dürfen. 7. Was ist der Sinn des Lebens? Wir sollen Gott und den Menschen in Freiheit dienen, um so in das ewige Leben zu gelangen. Hier ist das Menschenbild kurz skizziert, das in der Person Christi seine tiefste Deutung erfährt.

4) Erbsünde

Das christliche Menschenbild ist faszinierend und einmalig in der ganzen Welt. Das ist ein hohes Ideal. Aber wir müssen dieses Bild ergänzen durch die Erkenntnis, dass dieses Ideal oft nicht erreicht wird. Wir tragen in unserm Herzen nicht nur die Sehnsucht nach dem Guten, sondern auch den Hang zum Bösen. Das Böse ist eine Realität in dieser Welt, an der wir nicht vorbeikommen. Wir leben nicht in einer heilen Welt. Das ist eine erfahrbare Tatsache. Die Menschheitsgeschichte ist eine Geschichte von Blut und Tränen. Hass und Streit, Neid und Eifersucht, Mord und Krieg bestimmen auch das Leben der Menschheit. Diese bittere Erfahrung hat die Bibel in der Sündenfallgeschichte zu erklären versucht. Adam und Eva wollten sein wie Gott. Sie sündigten durch Ungehorsam gegenüber dem Willen Gottes. Es kam zur Ursünde, die sich dann weitervererbt hat. Wir sprechen hier von der Erbsünde, die als geschichtliche Schuld alle Menschen erfasst. Mit dem Begriff der Erbsünde wird also hier der Versuch unternommen, das Unheil in der Welt zu erklären. Alle Versuche, einen idealen Menschen zu schaffen, sind zum Scheitern verurteilt. Daran ist zum Beispiel auch der Kommunismus gescheitert, der ein Paradies von Brüdern und Schwestern schaffen wollte. Er hatte das falsche Menschenbild. Es baute auf idealen und nicht auf erbsündigen Menschen sein System auf.

Dennoch müssen wir sagen, dass es durchaus auch den idealen Menschen hier auf Erden gibt. Das sind die Heiligen. Christus ist in diese Welt gekommen, um uns von den Sünden zu erlösen. Damit hat er uns die Möglichkeit geschaffen, mit seiner Gnade die Sünde zu überwinden und so dem Idealbild des Menschen näherzukommen. Immer wieder gelingt das den Menschen, die wir die Heiligen nennen. Aber wir dürfen nicht übersehen, dass auch sie am Anfang ihres Lebens große Sünder waren. Erst durch die mächtige Gnade Christi sind sie verwandelt worden. Der hl. Paulus, anfangs ein Christushasser, später ein Christusfreund, bekennt am Ende seines Lebens: Nur durch die Gnade Gottes bin ich, was ich bin. Ich bin ein zweiter Christus geworden. Denn nicht mehr ich lebe, sondern Christus lebt in mir.

5) Sinn der Schöpfung

Am Schluss der Darstellung des christlichen Menschenbildes müssen wir noch die grundsätzliche Frage stellen: Warum hat Gott überhaupt die Welt erschaffen und den Menschen ins Dasein gerufen? Die Antwort ist wohl im

Geheimnis seiner großen Liebe zu suchen. Liebe will sich mitteilen und verschenken; darin liegt ihr Wesen begründet. So hat Gott in souveräner Freiheit die Welt erschaffen, um alle Geschöpfe an seiner Liebe teilnehmen zu lassen. Und so verkünden alle Geschöpfe seine Ehre, Größe und Liebe. Die unbewusste Schöpfung tut es durch die Gesetze, die Gott in sie hineingelegt hat. Die Berge verkünden seine Macht und Größe, die Blumen seine Schönheit und die Tiere seine Lebendigkeit. Die wunderbare Ordnung, die wir überall in der Schöpfung vorfinden, verrät seine Weisheit. Der Mensch als Krone der Schöpfung ist darüber hinaus berufen, Gottes Liebe und Güte zu verkünden. Der Mensch soll als Ebenbild Gottes in Freiheit seinen Schöpfer erkennen und bejahen. Er soll Gott dienen und ihn verherrlichen. Genau das ist auch die Leitlinie der Jesuiten: Alles zur größeren Ehre Gottes. Indem wir Gottes Ehre und Liebe durch Wort und Tat in unserm Leben preisen, wird uns auch das persönliche Glück ins Herz gegossen. Wir erfahren die Sinnerfüllung unseres Lebens und damit die Fülle des Friedens, die innere Zufriedenheit. Dieses Glück, das wir zeitweise schon als Gläubige auf Erden erfahren, wird uns dann für immer nach dem Tode in der Gemeinschaft mit Gott im Himmel zuteil. Dann werden wir Gott verherrlichen. Denn darin besteht die Aufgabe unseres Geschöpfseins. Alles meinem Gott zu Ehren in der Arbeit in der Ruh. Gottes Lob und Ehr zu mehren, ich verlang und alles tu. Meinem Gott nur will ich geben Leib und Seel mein ganzes Leben. Gib, o Jesu, Gnad dazu (GL 615).

4. KAPITEL: GLAUBE UND TAUFE

1) Glaube als Lebensweg

Was ist christlicher Glaube? Auf diese Frage können wir viele Antworten geben, die wir einzeln noch anführen werden. Wichtig aber ist vor allem, dass wir den christlichen Glauben als einen Lebensweg begreifen. Wenn wir diesen Weg beschreiten, finden wir das wahre Glück. Diesen Weg können wir als Nachfolge Christi bezeichnen. Wir müssen in seine Fußstapfen treten. Er ist uns den Weg zum Himmel vorausgegangen. Wir müssen wie die beiden Emmausjünger mit dem Herrn gemeinsam den Weg zum Vater gehen, d. h. wir müssen immer an seiner Seite bleiben.

Früher war dieser Weg der dominierende Weg, den die meisten Menschen traditionsgemäß gegangen sind. Heute aber gibt es in unserer pluralistischen Gesellschaft viele Lebenswege, die uns von den Religionen, Weltanschauungen und Gesellschaften angeboten werden. Das führt beim modernen Menschen zu einer großen Orientierungslosigkeit und Verwirrung. Wem soll man da noch glauben? Es ist klar, dass der christliche Lebensweg nur ein Angebot unter vielen ist. Das Christentum steht also nicht mehr als einziges Angebot in unserer Gesellschaft da. Dennoch müssen wir sagen, dass Millionen diesen Lebensweg gehen und darin, wie auch wir Priesterzwillinge, das Glück unseres

Lebens gefunden haben. Ich denke, es ist ein Versuch wert, diesen Weg in Gemeinschaft mit vielen Gläubigen zu beschreiten. Dann werden wir den Lebenswert dieses Weges erfahren.

2) Vertrauen

Wenn wir den Glauben als Lebensweg verstehen, dann verstehen wir den Glauben in erster Linie als Vertrauen. Vertrauen ist ein wichtiges Element in der Begegnung mit Personen. Inwieweit kann ich dem anderen Menschen trauen oder gar vertrauen? Ein gutes Bild für den Glauben als gemeinsamen Lebensweg mit Christus ist die Ehe, denn sie besteht ja zutiefst aus dem Vertrauen. In der Ehe sagt der eine zum anderen Partner: Ich vertraue dir mein Leben an. Ich will mit dir gemeinsam durch das Leben gehen und zu dir stehen in guten und in schlechten Tagen. Ich will dich lieben, achten und ehren, bis der Tod uns scheidet.

Und so ist das auch mit dem christlichen Glauben. Da sagt der Mensch zu Gott: Ich vertraue dir mein Leben an. Ich will mit dir eine Lebensgemeinschaft begründen. Ich will dich, o Gott, lieben, achten und ehren ein Leben lang. Und Gott sagt das Gleiche: Ich will dein Lebenspartner sein. Ich werde dich durch das Leben begleiten. Ich stehe zu dir in guten und in schlechten Zeiten. Ich bin immer für dich da. Der Glaube begründet also eine Freundschaft mit Gott und Christus. Auf der Wanderschaft durch das

Leben sind wir als Glaubende nie allein. Christus ist unser treuer Freund und Begleiter. Diese Freundschaft basiert ganz und gar auf dem gegenseitigen Vertrauen.

3) Glaube und Vernunft

Glaube als Vertrauen ist sicher die Basis unserer Lebensgemeinschaft mit Gott. Aber dieser Glaube darf kein blinder Glaube sein, sondern muss ein vernünftiger Glaube sein, d. h. er muss vor dem Verstand bestehen können

Das ist schon bei der Ehe so. Die Entscheidung für eine lebenslängliche Gemeinschaft darf kein blinder Vertrauensakt sein, sondern muss eine begründete Entscheidung sein, die vor der Vernunft verantwortbar ist. Beide Ehepartner brauchen eine gewisse Zeit, um sich kennenzulernen, um zu schauen, ob sie auch zueinander passen. Was haben wir für Gemeinsamkeiten? Wo liegen unsere Unterschiede? Welche Schwierigkeiten können auf uns zukommen? Wichtig wird hier immer wieder das gemeinsame Gespräch sein. Schließlich kommt der Zeitpunkt, wo beide sagen: Nicht nur das Gefühl der Liebe, sondern auch unser Verstand hat Gründe genug, um zu dieser Lebensgemeinschaft der Ehe ein volles Ja zu sagen.

So darf auch der christliche Glaube kein blinder Glaube sein, sondern ein vernünftiger Glaube. Der Verstand hat viele Argumente geprüft. Gibt es überhaupt einen Gott?

Welche Argumente kann ich für seine Existenz anführen? Welches Bild habe ich von Gott? Welchen Wert hat der Glaube für mein Leben? Hilft er mein Leben zu deuten? Steigert er meine Lebensqualität? Macht er mein Leben glücklich? Kann ich zu den Glaubenslehren meine Zustimmung geben? Bis zu einem gewissen Grad kann man auch beim Glaubensakt, der ja zutiefst ein Vertrauensakt ist, Klarheit erringen, sodass man sagen kann: Es ist ein vernünftig begründeter Glaube.

4) Glaube und Freiheit

Die Entscheidung, den christlichen Lebensweg zu gehen, liegt im Bereich des freien Willens. Auch hier möchte ich noch einmal das Bild von der Ehe bemühen. Man kann den anderen Partner gut kennenlernen. Man mag viele rationale Momente anführen, warum eine eheliche Gemeinschaft mit ihm sinnvoll ist. Dennoch bleibt die Ehe unter Personen fundamental ein Akt des Vertrauens, der der freien Willensentscheidung der beiden Partner bedarf. Ja, ich will von nun an gemeinsam mit dir durch das Leben gehen. Ich vertraue dir mein Leben an. Das ist eine Grundsatzentscheidung. Das ist aber auch ein Wagnis.
So ist auch die freie Glaubensentscheidung ein Wagnis. Sicher gibt es viele Argumente, die den Glauben an Gott sinnvoll machen. Ich habe sie unter dem Kapitel Gottesfrage aufgezählt. Dennoch ist rational eine letzte Klärung nicht möglich. Im Letzten ist die Glau-

bensentscheidung ein Akt des freien Willens. Ja, ich vertraue Gott mein Leben an, den ich als einen liebenden Gott erkannt habe. Ich will gemeinsam mit ihm durch das Leben gehen. Ich will auf sein Wort hören und mich von seinem Willen leiten lassen. Das Wichtigste an dieser Grundsatzentscheidung ist die Freiheit. Ein erzwungener Glaube ist in den Augen Gottes nichts wert. Gerade deshalb hat Gott den Menschen erschaffen als sein Ebenbild und ihn mit Verstand und Freiheit ausgestattet, damit der Mensch als Krone der Schöpfung im Gegensatz zur unbewussten Natur in voller Freiheit ihn erkenne und ihm diene.

5) Glaube und Gnade

Ohne die Gnade Gottes wird kein Mensch zum Glauben kommen. Diese Gnade aber ist ein Geschenk, das Gott dem Menschen in seiner großen Liebe in Freiheit gibt. Über diese Gnade Gottes können wir nicht verfügen.

Aber wir können uns auf diese Gnade Gottes vorbereiten. Ein russisches Sprichwort sagt: Gott kommt nur zu dem, der zu Gott kommt. Wo also Menschen ehrlich nach Gott und einem tiefen Sinn im Leben suchen, da wird Gott dem Suchen des Menschen entgegenkommen und ihm die Gnade des Glaubens schenken. Darauf hoffen wir und darauf vertrauen wir. Dennoch können wir diese Gnade Gottes nicht erzwingen. Wohl aber können wir um diese Gnade beten. Weit wichtiger als alle rationalen

Vorbereitungen ist das Gebet. Charles de Foucauld hat als Ungläubiger jeden Tag gebetet: Gott, wenn es dich gibt, dann lass mich dich erkennen. In der Tat, Gott hat sich ihm geoffenbart, und er ist ein gläubiger Mensch geworden. Man kann auch für einen anderen die Gnade des Glaubens erbitten. Wir wissen, dass die hl. Monika täglich für ihren Sohn, den hl. Augustinus, um die Gnade des Glaubens gebetet hat. Mit Erfolg! Sie durfte noch vor ihrem Tode die Bekehrung und Taufe ihres Sohnes erleben. Was verstehen wir näherhin unter der Gnade Gottes? Zunächst einmal unterscheiden wir zwischen der äußeren und der inneren Gnade Gottes. Als äußere Gnade bezeichnen wir das Vorbild guter Eltern, Lehrer und Priester. Sie erleichtern dem jungen Menschen später die persönliche Glaubensentscheidung. Bei der inneren Gnade übt Gott einen unmittelbaren Einfluss auf den Menschen aus. Er wirkt auf zweifache Weise. Einmal erleuchtet er unsern Verstand, sodass wir Gott in seiner Bedeutung für unser Leben entdecken. Zum anderen wirkt er auf unsern Willen ein. Er macht uns Mut zur Glaubensentscheidung. Er erwärmt unser Herz für Gott. Der Hl. Geist begeistert uns für Gott.

Wann erfährt der Mensch diese Gnade Gottes? Dies ist sicher im Normalfall eine Kombination von äußerer und innerer Gnade. Es gibt in der Hl. Schrift ein wunderbares Gleichnis vom Schatz im Acker. Ein Mann findet beim Pflügen auf dem Acker seines Herrn einen Goldschatz. Er verkauft alles, was er hat, um diesen Acker zu erwerben, denn dann kann er den Schatz sein Eigen nennen.

Wenn also ein Mensch im Acker seines Lebens Gott als den großen Schatz entdeckt, dem er alles im Leben fortan unterordnet, dann ist der Strahl der Gnade in sein Leben eingebrochen. Er hat mit einem Male den Wert Gottes für sein Leben erkannt. Gott wird von nun an die Mitte seines Lebens. Sein Wille wird zum absoluten Maßstab seines Lebens. Ein Theologe hat einmal gesagt: Im Glaubensakt vollzieht der Mensch die kopernikanische Wende seines Lebens. Wir alle wissen, dass Kopernikus als einer der Ersten behauptet hat, dass sich die Sonne nicht um die Erde dreht, sondern umgekehrt, dass sich die Erde um die Sonne dreht. Diese Erkenntnis war eine Revolution im Denken der damaligen Menschen. So ist es auch beim Glaubensakt. Da kreist der Mensch nicht mehr um sich selbst, sondern um Gott. Nicht mehr der autonome Mensch steht im Mittelpunkt, sondern der allmächtige und liebende Gott.

6) Glaubenszeugen

Der Glaube an Gott braucht eine gnadenhafte Initialzündung, die im Normalfall von gläubigen Menschen ausgelöst wird. Von dem französischen Dichter Paul Claudel ist mir folgende Begebenheit bekannt. Er schreibt in einem seiner Bücher, dass er ein ungläubiger Mensch war. Das Leben hatte keinen Sinn. Er litt unter einer existenziellen Langeweile. Das Leben ekelte ihn an. Eines Tages aber, es war an einem Weihnachtstag, ging er mehr aus

Langeweile denn aus Interesse in die Kathedrale Notre Dame in Paris. Dort sangen gerade die Domherren den Vespergesang. Er dachte: Könntest doch auch du so glauben wie diese Menschen. Da wurde auf einmal, es war beim Magnifikat, die Gnade des Glaubens in sein Herz gegossen und er konnte an Gott glauben. Diese Initialzündung hat sein Leben total verändert. Von diesem Augenblick hat er sich ernsthaft mit dem christlichen Glauben auseinandergesetzt. Es hat noch Jahre gedauert, bis er sich taufen ließ. Aber von diesem Augenblick an hatte sein Leben einen Sinn und ein klares Ziel. Das löste in ihm eine unsagbare Freude aus. Ich denke, an seiner Gestalt können wir erkennen, wie äußere und innere Gnade zusammenwirken.

Ich denke, hier wird auch deutlich, dass der Glaube nicht im luftleeren Raum entsteht, sondern sich meistens an gläubigen Menschen entzündet. Wenn wir Priesterzwillinge zurückschauen, dann müssen auch wir sagen, dass uns zahlreiche Menschen begegnet sind, die als Vorbilder großen Eindruck auf uns gemacht haben. Vor allem waren es zwei Priester, denen wir unsern Glauben und unser Priestertum verdanken. Der eine war unser Religionslehrer Dr. Müller, kurz der dicke Mü genannt. Er war der geistliche Leiter unserer Jugendgruppe im Bund Neudeutschland. Er verstand die Jugend anzusprechen und für Christus zu begeistern. Er war vor allem auch ein großartiger Mensch und brachte der Jugend viel Verständnis entgegen. Er war ein gläubiger Christ, in dessen Mittelpunkt Gott stand, der sein Leben aus der Kraft des Glaubens gestaltete. Das spürten wir als Jugendliche alle. Der andere Priester war unser Heimatpfarrer Hiegemann, bei dem wir 12 Jahre Messdiener waren. Er war ein stiller Beter, der in uns vor allem die Freude an der Liturgie des Kirchenjahres weckte. Er hatte die Zwillinge gern. Wir waren seine Star-Messdiener. Durch unsere Mutter hatten wir auch einen wertvollen Kontakt zu der Ordensgemeinschaft der Vinzentinerinnen, eine Ordensgemeinschaft, die vor allem im sozialen Bereich tätig war. Wir haben diese Frauen immer bewundert, die sich selbstlos ein Leben lang für Waisen, Kranke und Senioren aufopferten. Die Schwestern unterhielten zahlreiche Kinderheime, Krankenhäuser und Seniorenheime. Ein Kinderheim für geistig behinderte Kinder haben wir regelmäßig in Mönchengladbach-Hardt besucht. Großartig, mit welcher Liebe die Schwestern diese Kinder betreut haben. In der Tat, das war ein hervorragendes Zeugnis des Glaubens. Kein Wunder, dass mein Bruder Heribert in den männlichen Zweig des Ordens, den Vinzentinern, eintreten wollte. Drei Monate vor dem Abitur hat er seinen Entschluss geändert und ist mit mir nach Bonn zum Theologiestudium gegangen, um Weltpriester zu werden. Jedenfalls haben die Vinzentinerinnen einen erheblichen Anteil an unserm Glauben und Priestertum. Ihr Zeugnis spricht junge Menschen an. Warum tun solche Menschen das? Aus Liebe zu Christus, mit dem sie gleichsam verheiratet sind. Deshalb tragen sie auch einen Ring. Diese Vinzentinerinnen stehen einer Mutter Teresa in keiner Weise nach. Man müsste sie alle heiligsprechen.

7) Glaubensprüfung

Das Vorbild dieser Glaubenszeugen ließ den Gedanken aufkommen, an diesem christlichen Glauben muss doch etwas dran sein, dass Menschen ihr ganzes Leben dafür einsetzen. Könnte das nicht vielleicht auch unser Lebensweg sein? Diese Frage war die gnadenhafte Initialzündung. Es lohnt sich also, sich mit diesem Glauben einmal existenziell auseinanderzusetzen. Und so begannen wir in Bonn mit dem Studium der Philosophie und der Theologie. Wir entdeckten immer mehr das großartige Bild vom dreifaltigen Gott der Liebe, und wie edel der christliche Glaube vom Menschen dachte. Der Glaube gab uns Antwort auf all unsere Lebensfragen. Immer mehr erschloss sich uns das Wort des Herrn: Ich bin gekommen, damit sie das Leben haben, und es in Fülle haben. Am Schluss des Studiums stand dann die klare Glaubensentscheidung: Ja, der Glaube zeigt uns den richtigen Weg durch das Leben. Wohlgemerkt, die Glaubenszeugen waren für uns nur die Initialzündung zum Glauben. Von der Tragfähigkeit des Glaubens mussten wir uns dann durch ein langes Studium selbst überzeugen. Mit anderen Worten, unser Glaube stützte sich nicht nur auf das glaubwürdige Zeugnis der Glaubenszeugen, sondern auf die eigene persönliche Erkenntnis, dass der Glaube eine großartige Lebensdeutung beinhaltet. Deshalb konnten wir nun in voller Freiheit die Entscheidung treffen, diesen christlichen Lebensweg zu gehen.

8) Glaube und Taufe

Ich komme noch einmal auf das Bild von der Ehe zurück. Wenn sich die beiden Partner näher kennengelernt haben und Vertrauen und Liebe zueinander gewachsen sind, kommt eines Tages der Augenblick, wo eine Grundentscheidung gefällt werden muss. Das ist der Augenblick, wo sich die beiden Partner vor Gottes Angesicht und dem Priester und zwei Zeugen das Jawort fürs Leben geben. Ja, ich vertraue dir mein Leben an und will mit dir gemeinsam durch das ganze Leben gehen, bis der Tod uns scheidet. Die Ehe ist aber erst der Anfang eines langen Lebens.

So muss auch der Mensch nach einer langen Auseinandersetzung mit dem Glauben eine Grundsatzentscheidung treffen. Das geschieht in der Taufe. Da sagt der Mensch: Ja, ich glaube an Gott, den Vater, und den Sohn und den Hl. Geist. Ich will fortan ein Leben gemeinsam mit Gott führen und auf sein Wort hören. Die Taufe ist also ein Zeichen des Glaubens, d. h., die Taufe setzt den Glauben voraus. Deshalb muss der Täufling vor der Taufe das Apostolische Glaubensbekenntnis beten. Mit der Taufe wird also erst der Anfang eines langen Lebensweges gesetzt, der sich dann immer mehr entfalten muss. Wenn auch die Taufe und der Glaube in erster Linie ein Vertrauensakt gegenüber Gott ist, so bejaht der Getaufte natürlich auch das Wort Gottes, wie es ihm in der Schrift und in der Kirche (Glaubensbekenntnis) begegnet. Vom Worte Gottes wird er sich in Zukunft leiten lassen. Es ist ihm Orientierung für sein Leben. Mit der Taufe gibt Gott dem Menschen aber auch eine Kraft (Gnade), die ihm hilft, diesen Weg gehen zu können.

Die Taufe ist für die Erwachsenen eingesetzt worden, die ihren Glauben auch selbst bekennen können. Dennoch ist es sinnvoll, wenn gläubige Eltern bereits ihr Kind taufen lassen. Sie sprechen dann zusammen mit den Paten stellvertretend für ihr Kind das Glaubensbekenntnis. Das ist sicher eine Vorprogrammierung. Aber sie ist legitim. Die Eltern geben ja auch sonst dem Kind viel mit auf dem Lebensweg, z. B. eine gute Schulausbildung. Das Kind muss später frei entscheiden, ob es mit der Schulausbildung etwas anfangen kann oder ob es sich für einen anderen Lebensweg entscheidet. So wollen gläubige Eltern ihren Kindern auch den Glauben an Gott als Lebensdeutung und Lebenskraft mit auf den Weg durch das Leben geben. Dennoch muss auch ein Mensch, der als Kind getauft wurde, später als Erwachsener in Freiheit seine Taufe bestätigen und so eine Grundsatzentscheidung für sein Leben fällen. Dabei kann eine gute religiöse Erziehung ihm diese Entscheidung erleichtern. Diese bewusste Entscheidung für den Glauben geschieht anlässlich der Firmung, die heute mit 16 Jahren manchmal auch mit 18 Jahren gespendet wird. Es soll eine mündige Entscheidung sein.

9) Lebenswert

Was bringt mir der Glaube für mein Leben? Diese Frage ist berechtigt. Denn an toten Wahrheiten ist keiner interessiert. Durch den Glauben werden uns Grundwahrheiten geschenkt. Sie werden in unser Herz gegossen.

a) Liebe Gottes

Im Glauben erkennt der Mensch, dass Gott jeden Menschen liebt, unabhängig von Alter, Rasse und sozialer Stellung. Das ist kein leeres Wort. Gott hat dafür den Beweis angetreten, als er seinen Sohn Mensch werden ließ. Ja, mehr noch. Der Kreuzestod ist das größte Zeichen der Liebe Gottes zu uns Menschen. Eine größere Liebe hat niemand, als wer sein Leben hingibt für seine Freunde. Was für ein Engagement für den Menschen, den er aus Staub erschaffen und zu seinem Ebenbild gemacht hat!

b) Fundament

Diese Liebe Gottes ist das Fundament unseres Lebens. In der Bergpredigt nach Matthäus hören wir von einem Mann, der sein Haus auf Sand gebaut hat. Es kam Regen und ein kräftiger Sturm und das Haus stürzte ein, weil es auf Sand gebaut war. Es fehlte ihm das feste Fundament. Anders aber war es bei dem Mann, der sein Haus auf Felsen gebaut hatte. Sein Haus widerstand allen Stürmen und jeglichem Unwetter. Es stürzte nicht ein, denn es war auf Felsen gebaut. So verstehen wir auch unsern Glauben als das feste Fundament unseres Lebens. Der Glaube ist der Fels, auf den wir unser Lebenshaus aufbauen können. Wir erhalten durch den Glauben einen festen Standpunkt, von dem aus wir alles beurteilen können. Gott und sein Wille, den wir durch die Hl. Schrift und durch die Kirche erfahren, sind uns Richtschnur für unser Leben. Wir sehen alles mit den Augen Gottes. Wir verantworten im Glauben unser ganzes Leben im Gewissen vor Gott. Das heißt aber auch, dass wir uns nicht von jeder Meinung, erst recht nicht von der öffentlichen Meinung, beeinflussen lassen. Nein, wir haben im Glauben an Gott einen festen und unerschütterlichen Standpunkt. Das gibt unserm Leben Halt.

c) Geborgenheit

Wo ein Mensch an Gott glaubt, wird ihm eine tiefe Geborgenheit ins Herz gesenkt. So dürfen wir uns in Gott geborgen fühlen wie ein Kind bei Vater und Mutter. Wir begreifen unser gläubiges Leben als Kindsein vor Gott. So wie ein Kind seinen Eltern vertraut, so vertrauen wir Gott, der uns liebt und nur unser Bestes will. Man hat einmal vor einiger Zeit Kinder und Jugendliche gefragt: Was ist für euch das Wichtigste im Leben? 80 % gaben zur Antwort: Papa und Mama. Die Eltern lieben uns und schenken uns eine große Geborgenheit. Selbst wenn wir einmal etwas ausgefressen haben, wissen wir mit Sicherheit, dass uns die Eltern nicht verstoßen werden.

Als Priesterzwillinge haben wir als Kinder den 2. Weltkrieg mit all seinen Schrecken in Köln miterlebt. Fast jeden Abend saßen wir aus Angst vor den Bomben im Luftschutzkeller. Unser Haus brannte ab. Wir haben alles verloren. Wir wurden nach Thüringen evakuiert, wo wir fast verhungert sind. Dennoch war unser kindliches Befinden nie von der Angst geprägt. Wir hatten doch Vater und Mutter. Die werden schon für uns sorgen, die werden uns nicht im Stich lassen, die werden schon eine Lösung finden.

Dieses Gefühl schenkt dem Menschen, der sich Gott im Glauben anvertraut, eine Urgeborgenheit. Wir glauben ja nicht an eine blinde Schicksalsmacht, der unser Leben gleichgültig ist, sondern an einen liebenden Gott, der über unser Leben wacht und für alle seine Geschöpfe sorgt.

d) Freude

Die Freude an Gott ist unsere Stärke (Neh 8,10). In der Tat, dem gläubigen Menschen gießt Gott eine große innere Freude ins Herz. Augustinus hat einmal gesagt: Du hast uns für dich geschaffen, o Gott, und unruhig ist unser Herz, bis es ruhet in dir. In Gott kommt die Sehnsucht und das Suchen des Menschen nach Glück zur Ruhe. Nicht umsonst hat Gott seine Botschaft als frohe Botschaft deklariert. Der gläubige Mensch freut sich an Gott wie einer, der einen großen Schatz im Acker gefunden hat. Gott gießt uns seinen Frieden ins Herz. Deshalb können wir zufrieden und in Freuden leben. Deshalb sind wir als Christen von unserer Grundbefindlichkeit her Optimisten.

e) Hoffnung

Eine weitere Frucht des Glaubens, die Gott uns schenkt, ist die Hoffnung auf Auferstehung. Nein, am Ende des Lebens steht nicht der Tod, das Nichts, die absolute Sinnlosigkeit, sondern der Herr, der auf uns wartet, um in uns das neue, ewige Leben zu vollenden. Unser Leben hat ein klares Ziel: die Auferstehung. Eine Frau sagte einmal zu mir: Ohne die Auferstehung Christi und die Auferstehung der Toten werde ich das Gefühl nicht los, dass mein ganzes Leben umsonst ist. Diese Hoffnung auf Auferstehung gibt uns aber auch die große Kraft zum Durchhalten, wenn große Schwierigkeiten auf uns zukommen. Der hl. Paulus hat einmal gesagt: Die Leiden dieser Zeit sind nicht zu vergleichen mit der Herrlichkeit, die an uns offenbar werden soll. Das große Ziel vor Augen gibt uns die Kraft zum Durchhalten in Kreuz und Leid. Wir wissen, dass wir hier auf Erden kein Paradies haben und ein solches auch nicht schaffen können. Deshalb begreifen wir das Leid, das uns trifft, als Durchgangsstation zum ewigen Leben.

f) Liebe

Das Hauptgebot unseres Glaubens ist die Liebe: Du sollst Gott lieben und deinen Nächsten wie dich selbst. Wie schwer fällt es uns schwachen, erbsündigen Menschen, dieses Gebot im Alltag unseres Lebens immer zu erfüllen! Gott aber verlangt von uns nicht nur die Erfüllung dieses Gebotes, sondern er gibt uns auch die Kraft, dieses Gebot zu halten. Gott gießt seine Liebe in unser Herz, sodass auch wir lieben können. Denn aus uns selbst haben wir keine Kraft zur Liebe. Es ist wie mit dem Mond, der aus sich keine Lichtkraft hat, sondern nur das Licht widerspiegelt, das er von der Sonne empfangen hat. So sagt Gott auch zum Menschen: Ich reiße das Herz aus Stein aus eurem Leib und schenke euch ein Herz aus Fleisch, ein mitfühlendes Herz, ein helfendes Herz, ein friedvolles Herz, ein liebendes Herz.

g) Orientierung

Gott schenkt unserem Leben Orientierung. Der Mensch weiß, dass die Zehn Gebote Lebensregeln sind, die er auf seinem Lebensweg zu beachten hat. Ganz besonders ist ihm das Liebesgebot aufgetragen, das er in allen Situationen seines Lebens zu verwirklichen hat. Auch die Hl. Schrift ist ein Lebensbuch, das ihm den Weg durch das Leben weisen will. Der christliche Lebensweg leuchtet uns aber vor allem in der Gestalt Jesu Christi auf. Er ist uns den Weg zum Vater vorausgegangen. Wir brauchen ihn nur nachzugehen. Auf diesem Weg ist er unser treuer Begleiter, der uns immer wieder stärkt mit seinem Wort und mit seiner Gnade.

h) Sinn

Vor allem aber schenkt uns der Glaube einen alles umfassenden Sinn. Wir Menschen wissen durch den Glauben, wer wir sind. Wir sind Ebenbild Gottes. Wir kommen von Gott und gehen wieder zu Gott. Unsere Aufgabe ist es, den Willen Gottes zu erfüllen und Zeugnis von seiner Liebe zu geben. Gott wird das Leben des Menschen vollenden, denn Tod ist nicht Ende, sondern Vollendung. Dieses Wissen, dass unser Leben durch Gott einen tiefen Sinn erhalten hat, macht uns froh und glücklich und lässt uns gelassen leben. Diese Grundbefindlichkeit schenkt uns der Glaube als Frucht unseres Vertrauens auf Gott. So steigert der Glaube unsere Lebensqualität. Er ist eine große Bereicherung für unser Leben. Wer glaubt, hat mehr vom Leben.

5. KAPITEL: WEG DES GLAUBENS

A. Grundsätzlicher Weg

1) Nachfolge Christi

Mit der Taufe wird eine grundsätzliche Glaubensentscheidung getroffen: Ja, ich will den christlichen Lebensweg gehen. Das aber ist erst der Anfang. Damit gebe ich meinem Leben eine klare Richtung. In diesem Kapitel soll nun der Versuch unternommen werden, diesen Weg genauer zu beschreiben. Zunächst soll dargelegt werden, was grundsätzlich zu beachten ist.

Imitatio Christi (Nachfolge Christi), so hat Thomas von Kempen den christlichen Lebensweg zusammengefasst. Er hat recht, wir müssen als Christen unserm großen Vorbild nachfolgen, der gesagt hat: Ich bin der Weg, die Wahrheit und das Leben. Ich bin das Licht der Welt. Wer mir nachfolgt, wird nicht im Finstern wandeln, sondern das Licht des Lebens haben. Es gibt keine Religion, in der sich der Gründer so in den Mittelpunkt gestellt hat wie im Christentum. In der Tat, er ist der edelste Mensch, der je über diese Erde gegangen ist. Er ist ganz Mensch geworden, in allem uns gleich außer der Sünde. An ihm müssen wir Maß nehmen. Er hat die Liebe Gottes verkörpert. Die Liebe zum Menschen war seine Lebensaufgabe.

Er war grenzenlos gut zu allen Menschen. Er war gut zu den Kindern, die er gesegnet hat. Er war gut zu den Kranken, die er geheilt hat. Die meisten Wunder waren Krankenheilungen. Er war gut zu den Sündern, denen er verziehen hat und die er zur Umkehr mahnte. Er hat dem Verbrecher am Kreuz vergeben, als er seine Reue sah: Heute noch wirst du bei mir im Paradiese sein. Er hat sogar seinen Feinden verziehen, die ihn an das Kreuz genagelt haben, was keiner begreifen kann: Vater, verzeih ihnen, denn sie wissen nicht, was sie tun. Das Liebesgebot umfasst auch die Feindesliebe. Er machte damit die Liebe zur grundsätzlichen Lebensaufgabe des Christen, eine Liebe, die er uns täglich vorgelebt hat in allen Situationen des Lebens.

Ihm nachfolgen heißt, aus dem Geist der Liebe leben. Das wird uns nicht auf einmal gelingen, aber jeden Tag ein wenig mehr, zumal wenn Christus uns mit seiner Gnade unterstützt. Für Paulus stand dieser Jesus Christus absolut im Mittelpunkt seines Lebens. Ihm wollte er ähnlich werden. Das ist ihm auch gelungen, denn am Ende seines Lebens sagte er: Nicht mehr ich lebe, sondern Christus lebt in mir. Ich bin ein zweiter Christus geworden. Nur durch seine Gnade bin ich, was ich bin. Seine Gnade ist in mir nicht unwirksam geblieben. Gerade in der Gestalt des hl. Paulus erleben wir, was Nachfolge Christi bedeutet. Mensch werden, wie er einer war bis hin zur Vollendung in der Auferstehung. Es muss deshalb auch unsere Aufgabe sein, diesen Christus immer besser kennenzulernen, wie er uns in den vier Evangelien vor Augen geführt wird.

Das geschieht für den Otto Normalverbraucher vor allem jeden Sonntag im Wortgottesdienst der hl. Messe, in dem das Evangelium der Höhepunkt ist. Aber in der hl. Messe zeigt uns Christus nicht nur den rechten Weg durch das Leben, sondern er reicht uns auch das lebendige Brot, das uns stärkt auf diesem Weg. Wer sich darüber hinaus vornimmt, täglich oder wöchentlich in der Hl. Schrift zu lesen, wird immer tiefer in die Gestalt Christi eindringen und sich seine Gesinnung zu eigen machen, denn er hat gesagt: Kommt und lernt von mir, ich bin demütig und sanftmütig von Herzen, und ihr werdet Ruhe finden für eure Seele. Deshalb unsere tägliche Bitte an den Herrn: Bilde unser Herz nach deinem Herzen!

2) Emmausjünger

Diese Nachfolge Christi als Lebensweg wird uns noch einmal in der österlichen Emmauserzählung veranschaulicht. Wir kennen sie alle. Am Tag nach der Auferstehung Christi gingen zwei Jünger Jesu von Jerusalem nach Emmaus. Sie hatten Angst vor den Juden. Deshalb verließen sie fluchtartig Jerusalem. Unterwegs aber gesellt sich der Auferstandene zu den beiden Jüngern und wandert mit ihnen. Sie erkennen ihn aber nicht. Er erschließt ihnen die Schrift, und sie begreifen, dass der Messias leiden und sterben musste, um so in seine Herrlichkeit einzugehen. Schließlich gelangen sie nach Emmaus. Die beiden Jünger laden ihn ein: Herr, bleibe bei uns, denn es will Abend werden und der Tag hat sich schon geneigt. Christus kehrt mit ihnen ein und hält Mahl mit ihnen. Am Brotbrechen erkennen sie den Herrn. Er ist tatsächlich auferstanden, wie die Frauen am Morgen gesagt hatten. Noch am selben Abend kehren sie nach Jerusalem zurück, um den Aposteln über diese Begegnung zu berichten.

Diese Emmauserzählung ist ein wunderbares Bild für unsern Lebensweg. Auch wir Christen begreifen unser Leben als eine Wanderschaft von der Geburt bis zum Tode, von der Taufe bis zur Auferstehung. Auf diesem Weg sind wir aber nicht allein, sondern Christus ist unser treuer Begleiter, der unsichtbar mit uns geht. In der hl. Messe erklärt er uns immer wieder das Wort der Schrift, das uns Orientierung gibt auf der Wanderschaft durch das Leben, der uns aber auch immer wieder stärkt beim eucharistischen Mahl mit dem Brot des Lebens, mit seinem hl. Leib, damit wir nicht müde werden, sondern immer wieder neu aufbrechen auf unserer Reise zum ewigen Emmaus. Wichtig ist, dass wir auf diesem Weg immer in seiner Nähe bleiben, dass wir Seite an Seite gemeinsam mit ihm unsern Lebensweg gehen.

Wir Priesterzwillinge haben uns bewusst das Bild von den Emmausjüngern zu eigen gemacht. Wir wollten zu zweit mit dem Herrn durch das Leben gehen in der Gewissheit, dass dies der richtige Weg durch das Leben ist. Wir wollten auf ihn hören und uns von ihm immer wieder neu stärken lassen, was ja in der hl. Messe geschieht, die der Priester jeden Tag feiert. Deshalb haben wir als Primizbild das Gemälde von Rembrandt gewählt mit dem Titel: die

Emmausjünger. Wir wollten seine Emmausjünger sein und mit ihm durch das Leben gehen.

3) Weinstock und Reben

Im Gleichnis vom Weinstock und den Reben kommt noch ein wichtiger Gesichtspunkt der Verbundenheit mit Christus zur Sprache. Jesus ist auf dem Weg durch das Leben nicht nur unser großes Vorbild und unser treuer Wegbegleiter, sondern wir sind auch seinsmäßig mit ihm verbunden.

Beim Weinstock können wir drei Teile klar unterscheiden: 1. den Weinstock, 2. die Rebzweige, 3. die Reben. Der Weinstock ist mit dem Stamm eines Baumes zu vergleichen. Er hat seine Wurzeln tief in der Erde. Er transportiert Wasser und Nährstoffe zu den Rebzweigen. Sie können dadurch wachsen und gedeihen und bringen an den Ästen grüne Blätter hervor. Ohne den Weinstock können die Rebzweige nicht existieren. Deshalb ist es wichtig, dass die Rebzweige mit dem Weinstock verbunden bleiben. Brechen die Zweige ab, verdorren sie. Bleiben die Zweige aber mit dem Weinstock verbunden, bringen sie im Herbst die Reben oder Weintrauben hervor.

Nun sagt Christus: Ich bin der Weinstock, ihr seid die Rebzweige. Nur wenn ihr mit mir verbunden bleibt, bringt ihr reiche Frucht. Denn ohne mich könnt ihr nichts tun. Mit der Frucht sind hier die guten Werke gemeint: Liebe, Geduld, Barmherzigkeit, Versöhnung, Hilfsbereitschaft,

Spenden für die Armen und Trostworte für die Kranken. In der Taufe werden wir dem Weinstock Christi eingegliedert und bilden mit ihm eine Seinsgemeinschaft. Wir erhalten bereits auf Erden von ihm göttliches, ewiges Leben, das den Tod überdauert. Dieses göttliche Leben in uns muss aber immer wieder gespeist werden, damit es wachsen und reifen kann. Die Nahrung ist die Eucharistie, in der wir das Brot des Lebens erhalten. In der Firmung wird dieses göttliche Leben durch den Hl. Geist gestärkt. Im Bußsakrament wird dieses Leben vom Bösen gereinigt, damit es kraftvoll wachsen kann. In der Krankensalbung wird das göttliche Leben gleichsam mit Medizin behandelt, damit es nicht schwach wird und in voller Gesundheit wachsen kann. In Priesterweihe und Ehe wird das göttliche Leben für eine bestimmte Lebensaufgabe gestärkt. Wir sehen, dass es vor allem die Sakramente sind, die uns seinsmäßig mit Christus verbinden, sodass wir eine Lebensgemeinschaft mit Christus bilden. Diese Seinsgemeinschaft aber bewirkt, dass Christus in uns die Frucht hervorbringt. Er bewirkt also das Gute in uns. Wir sind also nicht die großen Macher, die aus eigener Kraft das Gute in uns hervorbringen, sondern die Gnade Christi ist es, die das Gute in uns bewirkt, so wie ja auch der Rebzweig aus sich keine Frucht bringt, sondern durch den Weinstock erst in die Lage versetzt wird, Reben zu erzeugen. Wir sprechen hier von der sakramentalen Seinsgemeinschaft. Es kommt also darauf an, dass wir sakramental mit ihm auf unserm Lebensweg verbunden bleiben, dann wird er das Gute in uns bewirken.

4) Der kleine Weg

Die Liebe und Verbundenheit mit Christus hat auch das Leben der hl. Therese von Lisieux bestimmt, die uns den kleinen Weg durch das Leben mit Christus geoffenbart hat. Wer war diese Heilige? Nun, sie wurde 1873 in der Normandie in Frankreich geboren. Sie trat schon mit 15 Jahren in den Karmel von Lisieux ein, einem sehr strengen Orden der katholischen Kirche. Die Schwestern in dieser Ordensgemeinschaft wollen durch Gebet und Opfer und ein entsagungsvolles Leben einen Beitrag zum Erlösungswerk Jesu Christi leisten. Sie wollen Menschen die Gnade der Bekehrung erflehen, ähnlich wie es einmal die hl. Monika mit Erfolg für ihren Sohn Augustinus getan hat. Therese hat nur neun Jahre in diesem Orden gelebt. Sie starb bereits 24-jährig an Tuberkulose. Nun war es damals im Karmel üblich, dass man beim Tode einer Schwester einen Totenzettel herausgab, in dem die Verdienste der verstorbenen Nonne gewürdigt wurden. Bei Therese kamen die Mitschwestern in große Verlegenheit. Was soll man da schreiben? Was hat sie schon Besonderes getan? Am besten schreiben wir: Sie wurde geboren, lebte und starb. Mehr weiß man wahrhaftig von ihr nicht zu berichten. Umso erstaunter war man, als der Beichtvater und Seelenführer den Schwestern mitteilte, dass eine Heilige gestorben sei. Sie hatte nämlich auf Anraten ihres Seelenführers alle Eingebungen niedergeschrieben, die ihr der Hl. Geist in den letzten Jahren vor ihrem Tode mitgeteilt hatte. Diese Berichte sind dann später in dem

Buch „Geschichte einer Seele" veröffentlicht worden, das von dem reichen Innenleben dieser Nonne berichtete. Ihre Liebe zu Christus war so groß, das sie schon früh in den strengen Orden der Karmeliterinnen eintrat. Aber das genügte ihr nicht. Sie wollte sogar als Märtyrin sterben. Aber sie klagte einmal in einem Gespräch mit Christus, dass sie dazu keine Gelegenheit habe. Ihr Leben sei so einfach und bedeutungslos, da sei für ein Martyrium kein Platz. Da offenbarte ihr Jesus einen neuen Weg, der in der Kirche noch nicht bekannt war. Es war der kleine Weg der Therese von Lisieux, mit dem sie weltberühmt wurde. Therese war nämlich der Meinung, dass Heilige heroenhafte Menschen sein müssen, die wie die Apostel als Märtyrer gestorben sind oder sich in totaler Selbsthingabe an die Mitmenschen verzehrt haben wie ein Damian Deveuster für die Aussätzigen oder ein Don Bosco für die verwahrloste Jugend oder wie eine Elisabeth von Thüringen für die Armen. Ein Heiliger zu werden, da hat der Durchschnittschrist keine Chance. Mit diesen falschen Vorstellungen räumt Therese auf. Jesus offenbart ihr nämlich den kleinen Weg zur Heiligkeit. Jeder kann heilig werden und sofort in den Himmel kommen, wenn er seinen Alltag ernst nimmt und ihn mit Liebe erfüllt.

Näherhin wird dieser kleine Weg von drei Gedanken bestimmt: Der erste Gedanke ist die Vorsehung. Therese war davon überzeugt, dass Gott die Welt lenkt und leitet. Ohne ihn fällt kein Sperling vom Dach. Ohne ihn wird kein Haar unseres Hauptes gekrümmt. Es gibt keinen Zufall. Alles ist Fügung Gottes. Bei all seinem Wirken beachtet

Gott natürlich die Freiheit des Menschen. Kein Mensch wird von Gott zu etwas gezwungen. Der zweite Gedanke ist vom Anruf bestimmt. Wenn Gott alles lenkt und leitet, dann wird alles Geschehen in dieser Welt und auch in meinem Leben transparent (durchsichtig) auf Gott hin, d. h. dann sehen wir hinter allem, was geschieht, Gottes Wirken. Jeder Mensch, der mir im Alltag begegnet, ist ein Anruf Gottes an mich. Er kreuzt also nicht zufällig meinen Weg, sondern ist von Gott zu mir gesandt, damit ich ihm in der rechten Weise begegne. Jede Pflicht, die mir täglich aufleuchtet, ist ein Bote Gottes, der mir einen Auftrag erteilt. Jede Schwierigkeit oder jeder Schicksalsschlag, der mich trifft, ist Sprache Gottes, die mir etwas sagen will. Alle Ereignisse des Tages verstehe ich als Anruf Gottes, wenn ich bewusst und nicht gedankenlos durch den Tag gehe. Der Alltag wird also zum großen Begegnungsfeld zwischen Gott und dem Menschen. Der dritte Gedanke ist die Liebe, die ja das Hauptgebot unseres christlichen Glaubens ist. Alles, was ich tue, muss in der Gesinnung der Liebe geschehen. Dann antworte ich auf den Anruf Gottes in der rechten Weise. Jeden Menschen, der mir heute begegnet, soll ich liebevoll, freundlich und hilfsbereit behandeln. Jede Aufgabe, die mir aufleuchtet, soll ich gewissenhaft verrichten. Jedes Leid soll ich geduldig ertragen. Damit wird die Erfüllung aller kleinen Aufgaben zum kleinen Weg zur Heiligkeit. Insofern wird Therese auch als die Heilige des Alltags genannt. Der Alltag ist manchmal kein gemütlicher Spaziergang, sondern kann dem Menschen auch heroenhafte Opfer abverlangen, die einem Martyrium gleichkommen. Das hat Therese am eigenen Leib zu spüren bekommen. Die Priorin des Karmel hatte ihr nämlich zur Aufgabe gemacht, eine unfreundliche, nervenkranke Schwester täglich von ihrem Zimmer zur Kapelle zu begleiten. Sie hat diese Aufgabe mit großem Widerwillen übernommen, weil man dieser kranken Nonne nichts recht machen konnte. Sie war sehr streitsüchtig und beschimpfte alle Schwestern. Aber Therese sagte sich, diese Aufgabe ist mir nicht nur von der Priorin, sondern auch von Gott zugedacht worden. Deshalb will ich ihr aus Liebe zu Christus freundlich begegnen und vieles überhören. Das war ein Stück Martyrium im Alltag, nach dem Therese sich ja so sehr gesehnt hatte. Das sind Opfer, wie sie ähnlich auch die Märtyrer vollbringen. Diesen kleinen Weg hat sie nicht nur im Auftrage Christi verkündet, sondern ist ihn auch täglich neu gegangen, ohne dass ihre Mitschwestern das überhaupt bemerkt haben. Ich denke, das ist ein Weg, den jeder Christ gehen kann.

B. Konkreter Weg

1) Gebet

a) *Sprechen mit Gott*

Bisher haben wir nur ganz allgemein den christlichen Lebensweg gezeichnet. In allen vier Beispielen steht ganz und gar die Gestalt Christi im Mittelpunkt. Und das ist recht so, denn ihm nachzufolgen, ist unsere Lebensaufgabe. Deshalb nennen wir uns Christen. Im folgenden Abschnitt wollen wir diesen Weg etwas konkreter aufzeigen.

Das Gebet, das wir als Sprechen mit Gott bezeichnen, ist sicher das Wichtigste in unserm christlichen Leben, damit wir mit Christus verbunden bleiben und uns seine Freundschaft erhalten bleibt. Das ist schon im natürlichen Bereich so. Ohne Gespräch mit dem anderen Partner geht jede Freundschaft zugrunde. In allen Religionen ist das Sprechen mit Gott die Mitte des religiösen Lebens. Im Gebet anerkennt der Mensch sein Geschöpfsein. Er verneigt sich in aller Demut vor dem Schöpfer der Welt und des Menschen. Er gibt damit seine Abhängigkeit von Gott zu. Im Gebet macht sich der Mensch klein vor Gott und widersteht damit der paradiesischen Versuchung, wie Gott sein zu wollen. Beim Beten weiß der Mensch, dass er sich an einen Vatergott wendet, der den Menschen liebt und nur sein Bestes will. Dieser Gott ist eine Person und hat ein Antlitz, in der Gestalt Jesu Christi sogar ein menschliches Antlitz. Deshalb kann sich der Mensch jederzeit vertrauensvoll an Gott wenden. Gott hat keine Bürostunden, sondern er ist immer für uns da. Es gibt viele Formen des Gebetes: das Bittgebet, das Lobgebet, das Dankgebet, das Bußgebet, das Reuegebet. Jedes Gebet ist in den Augen Gottes wertvoll, denn in jedem Gebet anerkennt der Mensch Gott als seinen Herrn, dem er sein ganzes Leben verdankt. Wir können mit Gott über alles sprechen und ihn so an unserm ganzen Leben teilnehmen lassen, an Freud und Leid.

b) Das meditative Gebet

Sicher fragt der Mensch zu Recht, ich spreche zwar im Gebet mit Gott, aber spricht Gott auch zu mir? Auf diese Frage will das meditative Gebet eine Antwort geben. Ja, Gott spricht auch zum Menschen, aber auf seine Weise, meist nicht unmittelbar in Visionen wie bei Paulus in der Damaskusvision, sondern mittelbar durch Menschen, durch Ereignisse, durch Aufgaben und Pflichten, durch Worte der Schrift oder eines guten Buches, durch das Fernsehen, durch Not und Elend in der Welt. Nur liegt es an uns, diese Sprache Gottes zu deuten und immer wieder zu fragen: Was willst du, Herr, mir damit sagen?

Um diese Sprache Gottes verstehen zu können, brauchen wir die Stille und Einsamkeit, müssen wir innerlich und äußerlich ganz ruhig werden. Auch hier ist uns Christus ein Vorbild. Er hat sich immer wieder in die Einsamkeit der Berge und der Wüste zurückgezogen, um mit seinem Vater im Himmel zu sprechen und auf seine

Stimme zu hören. Ein solches Gespräch erleben wir in der Ölbergszene. Vor seinem Leiden ringt er mit seinem Vater am Fuße des Ölberges im Gebet. Todesangst befällt ihn. Der Schweiß läuft ihm wie Blutperlen von der Stirn. Er fleht zu Gott: Vater, lass den bitteren Kelch an mir vorübergehen. Aber nicht mein Wille, sondern dein Wille geschehe. Der Vater gewährt ihm diese Bitte nicht. Er sieht den ganzen Weg voraus. Der Sohn musste zwar in das Leiden gehen und Kreuz und Tod auf sich nehmen zur Erlösung der Menschen, aber am Ende steht doch der Sieg und die Auferstehung. So hat Christus immer wieder mit seinem Vater im Gebet gerungen. Das Gespräch mit dem Vater gab ihm Orientierung und Kraft.

Und so sollen auch wir uns immer wieder in die Stille und Einsamkeit zu Hause, in der Kirche, in der Natur zurückziehen, um seine Stimme zu hören, um alle Ereignisse unseres Lebens mit Gottes Augen zu betrachten und stets zu fragen: Was willst du, Herr, dass ich tun soll?

c) Das tägliche Gebet

Wenn Gott die Mitte unseres Lebens ist, dann müssen wir auch täglich mit ihm sprechen, und nicht nur, wenn wir in Not sind. Die täglichen Gebete sollen hier eine Ordnung in unser Gebetsleben bringen. Wenigstens dreimal am Tag, morgens, mittags und abends sollen wir an Gott denken. Wir sollen unser Tagewerk mit ihm besprechen und ihm weihen. Es gibt sehr schöne Formelgebete, die manchmal sehr hilfreich sein können. Man kann diese Gebete auch persönlich formulieren. Denn wir können mit Gott sprechen wie mit jeder menschlichen Person, einfach und von Herzen kommend. Gott versteht uns immer, wenn auch die Worte manchmal sehr zaghaft kommen. Im Folgenden möchte ich nun ein Formelgebet und ein frei formuliertes Gebet anfügen.

Morgengebet
Der Tag ist aufgegangen, Herr Gott, dich lobe ich allezeit. Dir sei er angefangen, zu deinem Dienst bin ich bereit. Den Tag will ich dir schenken und alles, was ich tu, im Reden und Gedenken, im Werk und in der Ruh. – Es wolle mich nun segnen Gott Vater, Sohn und Hl. Geist. Herr, was mir soll begegnen, das mache, wie du willst und weißt. Zu deines Namens Ehre geschehe, was geschieht, dein Lob nur will ich mehren und preisen deine Güt'.

Vater im Himmel, ich danke dir, dass du mich in dieser Nacht wohl behütet hast. Ich habe meine Kräfte erneuert und bin nun zu deinem Dienst bereit. Ich will Zeugnis geben von deiner Liebe gegenüber allen Menschen, die mir heute begegnen. Ich will meine Arbeit gewissenhaft tun. Beschütze mich vor allen Gefahren des Leibes und der Seele. Gib mir deinen Segen dazu. Amen.

Tischgebet

Vorher: Herr, segne uns und diese deine Gaben, die wir aus deiner Güte empfangen werden, durch Christus unsern Herrn. Amen.

Nachher: Wir sagen dir Dank, allmächtiger Gott, für alle deine Wohltaten, der du lebest und herrschest von Ewigkeit zu Ewigkeit. Amen.

Ich danke dir, allmächtiger Vater, dass ich genug zu essen habe. Das ist keine Selbstverständlichkeit. Ich weiß, dass viele Menschen hungern müssen. Lass mich mein Brot mit ihnen teilen. Segne nun uns und diese Gaben, die du uns bescheret hast. Durch Christus unsern Herrn. Amen.

Abendgebet

Bleibe bei uns, Herr, denn es will Abend werden, und der Tag hat sich schon geneigt. Bleibe bei uns und bei deiner ganzen Kirche. Bleibe bei uns am Abend des Tages, am Abend des Lebens, am Abend der Welt. Bleibe bei uns mit deiner Gnade und Güte, mit deinem hl. Sakrament und deinem Trost und Segen. Bleibe bei uns, wenn über uns kommt die Nacht der Trübsal und die Nacht des Zweifels und der Anfechtung, die Nacht des bitteren Todes. Bleibe bei uns, bei allen deinen Gläubigen in Zeit und Ewigkeit. Amen.

Lieber Gott, ich danke dir für den heutigen Tag. Vieles hat mir Freude bereitet. Manches habe ich aber auch aus reinem Pflichtbewusstsein getan. Einiges habe ich sogar falsch gemacht. Ich war sehr egoistisch in meinem Denken und Handeln. Das Gebot der Liebe hat zu wenig mein Leben bestimmt. Ich bitte dich, verzeihe mir. Ich will es morgen besser machen. Gewähre mir nun einen erholsamen Schlaf. So bitte ich durch Christus unsern Herrn. Amen.

d) In der Gegenwart Gottes leben

In der Gegenwart Gottes leben, das ist schon eine Höchstform des Betens. Das knüpft daran an, was wir bei der hl. Therese von Lisieux gesagt haben. Wir sollen den ganzen Tag über in dem Bewusstsein leben, dass alles, was sich ereignet im Alltag des Lebens, kein Zufall, sondern Ansprache Gottes an uns ist und auf eine liebende und gerechte Antwort wartet. Sicher ist der normale Christ hier stark überfordert, dennoch gibt es an jedem Tag auch Situationen, an denen wir Gottes Hilfe brauchen. Wie soll ich bei meinem Kind handeln? Soll ich nachgeben oder Grenzen setzen? Soll ich meinem Nachbar wegen seiner Unverschämtheit einmal die Meinung sagen oder soll ich es friedlich ertragen? Muss ich dem Menschen, der an meiner Tür klopft, nicht helfen?

Was das bedeutet, in der Gegenwart Gottes zu leben, wurde mir bewusst in dem Film „Don Camillo und Pepone". Es ist amüsant und doch auch sehr ernst, wenn

Don Camillo vor das Kreuz tritt und mit seinem Herrgott spricht, den er immer wieder am Tag um Rat fragt und der ihn aber auch manchmal zurechtweist: Camillo, deine Hände sind als Priester nicht zum Schlagen da, sondern zum Segnen. Ähnlich ist es bei der Serie im Fernsehen „Um Himmels willen". Da ist es auch immer wieder die Schwester Hannah, die vor das Kreuz tritt und mit dem Herrn spricht und um Kraft und Erleuchtung bittet, um diese oder jene Alltagssorge meistern zu können.

Auch das Gebet „Telephon" von Michael Quoist in seinem Buch „Herr, da bin ich" will uns sensibel machen für das Leben in Gottes Gegenwart.

Ich habe gerade abgehängt; warum hat er telephoniert?

Ach ja, Herr, ... ich weiß.

Das kommt davon, dass ich viel gesprochen und wenig zugehört habe.

Verzeih, Herr, ich habe ein Selbstgespräch geführt und nicht Zwiesprache gehalten.

Ich habe meine Gedanken aufgedrängt und nicht ausgetauscht.

Weil ich nicht zugehört habe, habe ich nichts erfahren.

Weil ich nicht zugehört habe, habe ich nichts gegeben.

Weil ich nicht zugehört habe, habe ich kein Band geknüpft.

Verzeih, Herr, denn ich war verbunden,

und jetzt sind wir getrennt.

e) Anbetung

Die höchste Form des Gebetes ist die Anbetung. Hier wird etwas deutlich vom tiefsten Sinn unseres Geschöpfseins. Omnia ad maiorem Dei gloriam, so haben es die Jesuiten formuliert. Alles zur größeren Ehre Gottes. Alle Geschöpfe haben die Größe und Ehre Gottes zu verkünden. Die unbewussten Geschöpfe tun es durch ihre Existenz. Sie verkünden die Schönheit, die Ordnung und die Weisheit Gottes durch ihr einfaches Dasein. Der Mensch aber ist dazu berufen, in Freiheit und mit klarem Bewusstsein Gottes Ehre und Liebe zu verkünden. Indem der Mensch das tut, findet er sein wahres Glück, das hier auf Erden beginnt und seine Vollendung im Himmel erfährt. Die Anbetung Gottes wird dann für immer seine Aufgabe als Geschöpf im Jenseits sein. Der Sinn unseres Geschöpfseins hat Franziskus von Assisi wunderbar in seinem Sonnengesang zum Ausdruck gebracht:

Herr Gott, ich preise dich im Stillen um deiner Werke Pracht, vor allem der goldenen Sonne willen, die du gemacht. Denn schön ist meine königliche Schwester, gibt Morgenrot und Mittagshelligkeit, den Abendhimmel als der Künstler bester malt sie mit glühemden Farben allezeit. Des Lenzes Blüten und des Sommers Ähren, des Herbstes Trauben dank ich ihr. Kein anderes Geschöpf zu deiner Ehren spricht lauter mir.

Herr Gott, ich preise dich im Stillen um deiner Werke Pracht, vor allem um der Mutter Erde willen, die du gemacht, der schön gegürtet, ewig wunderbaren, die Gras und Kräuter, Busch und Baum, die Tiere schuf, vom kleinsten unsichtbaren bis zu den Riesen tief im Meeresraum. Sie hat auch meinen schwachen Leib gestaltet, der wehrlos scheint und dennoch seine Hand zum Werkzeug aller

Werkzeuge entfaltet, und mit der Zunge leicht das Wort gesandt in eines anderen Brust, dass ein Gedanke mit mir ihn eint, ein Ton aus beiden klingt und so zuletzt ein Werk zum Danke aus zweier Menschen Doppelkraft entspringt. Herr Gott, ich preise dich im Stillen um deiner Werke Pracht, um aller Heiligen und Weisen willen, die rühmen deine Macht, der Brüder mild mit sanften Händen, die jene, die sie hassten, nur geliebt, und jenen, die da fluchten, Segen spenden, im Leid geübt. Die dankbar dich mit hohem Sinn verehrten und unverwandt lag schwer mitunter auch auf Bekehrten, Herr, deine Hand.

Herr Gott, ich preise dich im Stillen um deiner Werke Pracht, auch um der Schmerzen und des Todes willen, die du erdacht. Denn unsere Trauer wird zur Freude wenden sich einst im Zeitenlauf, schließt Bruder Tod uns erst mit stillen Händen des besseren Lebens Pforte auf. Und selig die, so in dem Herren sterben ohn' Furcht noch Graun, sie werden froh die Ewigkeit erwerben und keinen zweiten Tod mehr schaun.

2) Beruf

Neben dem Gebet ist ein Großteil unseres Lebens vom Beruf und der Arbeit geprägt. Für uns Christen ist jeder Beruf eine Berufung durch Gott zu einer Lebensaufgabe. Wir erkennen diese Berufung durch die Talente und Anlagen, die Gott in unsere Natur hineingelegt hat. Wir müssen sie natürlich mit Mühe und Fleiß zur Entfaltung bringen. Wichtig ist, dass uns der Beruf Spaß macht, denn immerhin füllt er den größten Teil unseres Lebens aus. Er dient vor allem unserer Selbstverwirklichung. Der Mensch will seine kreativen Kräfte zur Entfaltung bringen. Das hebt auch sein Selbstwertgefühl. Sicher muss der Beruf genug Geld einbringen, um den Lebensunterhalt zu sichern. Aber das Geld darf nicht an erster Stelle stehen. Der Beruf muss dem Menschen vor allem Freude bereiten. Wichtig ist auch, dass der Beruf als Dienst an der Gesellschaft gesehen wird. Jede Arbeit dient auch dem Aufbau der Gemeinschaft. Jeder diene dem anderen mit der Gabe, die er von Gott erhalten hat, so mahnt Paulus seine Mitchristen.

Ora et labora (bete und arbeite), so haben die Benediktiner den Lebenssinn und ihre Lebensaufgabe zusammengefasst. Beides ist Gottesdienst, wenn auch die Arbeit als Dienst an den Menschen verstanden wird. Gebet und Arbeit sind die beiden wichtigsten Säulen unseres Lebens. Es gibt eine schöne Erzählung, die uns das noch einmal verdeutlichen kann. Da war ein Vater, der hatte einen Sohn, der nichts vom Beten hielt. Ja, arbeiten ist sinnvoll, da schafft man etwas. Beten aber ist Zeitverschwendung. Das bringt nichts. Da nahm ihn der Vater mit zu einem großen See. Beide stiegen in einen Kahn mit zwei Rudern. Auf dem einen Ruder stand beten und auf dem andern Ruder arbeiten. Nun, so forderte der Vater seinen Sohn auf, rudere einmal nur mit dem Ruder, auf dem steht arbeiten. Der Sohn tat es und drehte sich ständig im Kreis. Danach meinte der Vater, benutze nun einmal beide Ruder. Und siehe da, nun konnte er Richtung halten und an das andere Ufer gelangen. Der Sohn hatte begriffen, dass er nur durch Gebet und Arbeit den Sinn seines Lebens erfüllen kann und der Ewigkeit Gottes zusteuert. Innerweltliches Tun kann nicht allein zum Ziel des Lebens führen, das in der liebenden Gemeinschaft mit Gott besteht.

3) Gebote

Auf unserm konkreten christlichen Weg zum Ziel spielen auch die Gebote Gottes eine große Rolle. Man könnte sie mit den Verkehrsschildern vergleichen, die wir auf unsern Wegen und Straßen vorfinden. Sie sorgen für eine gewisse Sicherheit. Wenn wir diese Schilder nicht beachten, kommt es zu gefährlichen Zusammenstößen und tödlichen Verletzungen. So ist ein friedliches Miteinander nur möglich, wenn diese Gebote Gottes eingehalten werden. Da haben wir zunächst einmal die 10 Gebote, die Gott Jahwe dem Mose auf dem Sinai geoffenbart hat. Mose hat sie auf zwei Tafeln eingravieren lassen. Auf der ersten Tafel befinden sich drei Gebote, die sich auf unser Verhältnis zu Gott beziehen, und auf der zweiten Tafel die sieben anderen Gebote, die das Verhältnis der Menschen untereinander regeln. Es handelt sich hier um Lebensregeln. Jedes Gebot schützt einen bestimmten Wert. Bei den ersten drei Geboten geht es um unser Leben mit Gott. Das vierte Gebot regelt das Verhältnis der Geschlechter untereinander. Das fünfte Gebot dient dem Schutz des Lebens.

Beim sechsten Gebot geht es um Ehe und Familie, die als kleinste Zelle des gemeinsamen Lebens eine hervorragende Stellung in der Gesellschaft einnehmen. Das siebte Gebot schützt das Privateigentum eines jeden Menschen. Beim achten Gebot geht es um Wahrhaftigkeit und Treue, ohne die ein menschliches Zusammenleben unmöglich ist. Das neunte Gebot ist inhaltlich identisch mit dem sechsten und das siebte identisch mit dem zehnten Gebot. Diese 10 Gebote sind im Grunde genommen auch die Grundlage der Menschenrechte, die heute in der ganzen Welt anerkannt werden. Das große Verdienst des Alten Testamentes liegt darin, dass diese allgemeinen Menschenrechte in Gott verankert wurden. Damit erhalten die 10 Gebote nicht nur ihre letzte Begründung, sondern auch ihren fordernden Charakter. Dennoch müssen wir sagen, dass es sich bei diesen 10 Geboten nur um eine Minimalforderung handelt. Es ist die unterste Grenze, die beachtet werden muss, wenn das Leben gelingen soll.

Vom Christen aber wird mehr verlangt, als nur die 10 Gebote einzuhalten. Das Herzstück des Christentums ist das Liebesgebot, das wir in der Bergpredigt vorfinden: Du sollst Gott lieben und deinen Nächsten wie dich selbst. In diesem einen Gebot, so sagt Christus, sind alle anderen Gebote enthalten. Deshalb konnte Augustinus sagen: Liebe und dann tu, was du willst. Wer liebt, kann nur das Richtige tun. Dieses Zielgebot der Liebe müssen wir als Christen auf unserm Lebensweg immer vor Augen haben. Diese Liebe kennt keine Grenzen und fordert uns sogar zur Feindesliebe auf. Wir Christen sollen uns also nicht nur an der Minimalgrenze der 10 Gebote bewegen, sondern bewusst die Liebe als Aufgabe in die Welt hineintragen. Im Sündenbekenntnis vor der hl. Messe bekennen wir nicht nur, dass wir gesündigt haben, sondern auch Gutes zu tun unterlassen haben. So muss also die Frage an jedem Tag lauten: Was habe ich heute Gutes getan in Wort oder Werk? Wo habe ich heute Zeugnis von der Liebe Gottes gegeben?

4) Sakramente

Auf unserm Lebensweg kommt auch den Sakramenten eine besondere Rolle zu. Für uns erbsündige Menschen ist es nicht immer leicht, die Gebote Gottes zu verwirklichen. Wir leben in einer unheilen Welt, und die Versuchung zum Bösen ist groß. Deshalb müssen wir in aller Demut bekennen, dass wir immer wieder versagen und sündigen.

Deshalb bietet uns Gott täglich seine Gnade an, die im Grunde nichts anderes ist als Kraft zum Guten. Es ist also eine Medizin, die uns hilft, die Wunden der Sünde zu heilen. Die Bedeutung der Gnade wird uns vor allen in den Sakramenten bewusst, die wir als Gnadenmittel bezeichnen. Diese Gnade, die wir auch als übernatürliche Hilfe Gottes bezeichnen können, hat uns Christus am Kreuz verdient und fließt uns in den Sakramenten reichlich zu. Christus sagt selbst, dass diese Gnade Gottes für unser Leben von großer Bedeutung ist. Ohne mich könnt ihr nichts tun. Ohne meine Gnade könnt ihr nicht gut sein. Wir sollen also erkennen, dass unser eigenes Ringen und Mühen um das Gute allein nicht ausreicht, wir brauchen Gottes Gnade, wenn wir ein christliches Leben führen wollen. Paulus sagt schon: Nur durch die Gnade Gottes bin ich, was ich bin. Seine Gnade ist in mir nicht unwirksam geblieben. Es liegt also an uns, diese Gnade Gottes in unser Leben hineinzuholen. Was wir allein nicht schaffen können, wird uns mit der Gnade Gottes besser gelingen. Die Taufe ist das fundamentale Sakrament, in dem unser Leben mit Gott grundgelegt wird und seine Richtung bekommt. Mit der Taufe beginnen wir gleichsam unsere Wanderschaft mit Gott zum ewigen Ziel. Auf diesem Weg aber brauchen wir Nahrung. Deshalb ist für unser alltägliches Leben die Eucharistie von eminenter Bedeutung, weil sie uns das Brot des Lebens schenkt, das uns stärkt, damit wir nicht ermüden, sondern uns immer wieder neu auf den Weg machen. Auch in der Firmung erleuchtet und stärkt uns der Hl. Geist, damit wir in der Hektik des Alltags immer den richtigen Weg erkennen. Ich denke, das Bußsakrament ist eine Art TÜV wie beim Auto, wo wir auch von Zeit zu Zeit, wenigstens zweimal im Jahr, in den großen Bußzeiten des Kirchenjahres, im Advent und in der Fastenzeit, uns einer Kontrolle unterziehen, ob wir noch auf dem rechten Weg sind oder ob die Welt uns schon allzu sehr vereinnahmt hat. Sicher kann man das Bußsakrament auch öfters empfangen. Ich war 11 Jahre Beichtvater von Nonnen, die nach ihrer Regel das Bußsakrament alle 14 Tage empfangen sollten.

Dabei geht es natürlich nicht nur um die Vergebung der Sünden, sondern auch um den Empfang der speziellen Sakramentsgnade, die vor allem in der Beharrlichkeit im Guten besteht. Jedensfalls wird mit der Beichte immer wieder ein Neuanfang gesetzt und die Sünde von gestern belastet uns nicht mehr. Die Sakramente der Krankensalbung, der Priesterweihe und der Ehe schenken uns in besonderen Situationen oder für besondere Aufgaben Gottes Gnade, die uns bei der Erfüllung unserer Pflichten behilflich sein sollen. Sicher kommt uns die Gnade Gottes nicht nur in den Sakramenten zu, sondern auch im Gebet, im Lesen der Schrift und in jeder guten Tat. Dennoch sind die Sakramente die wichtigste Quelle der Gnaden.

C. Gemeinsamer Weg

1) Familie (Hauskirche)

Keiner kann den christlichen Lebensweg allein gehen. Er braucht die Gemeinschaft. Die kleinste Gemeinschaft ist die Familie. Das gilt schon für den natürlichen Bereich. Ohne Vater und Mutter würde kein Kind groß werden. Die Eltern übernehmen vor Gott die große Verantwortung der Erziehung ihrer Kinder. Sie müssen ihre Kinder nicht nur ernähren und beschützen, sondern ihnen auch eine gute Ausbildung zukommen lassen, damit sie später im Leben ihren Mann oder ihre Frau stehen können. Das gilt natürlich auch für den religiösen und ethischen Bereich. Die Grundlagen des Glaubens werden in der Familie grundgelegt. Hier lernt das Kind, dass es einen Gott gibt, mit dem man sprechen kann, der uns liebt und der unser treuer Begleiter durch das Leben sein will. Hier lernt das Kind in den Geboten Gottes den Willen Gottes kennen, nach dem es sein Leben ausrichten soll. Hier lernt das Kind, wie wichtig das gute und friedliche Miteinander unter den Menschen ist. Man sagt, dass das Kind zu 80 % im Elternhaus erzogen wird. Deshalb ist es wichtig, dass die Eltern ihren Kindern den Glauben vorleben. Ein Sprichwort sagt: Worte belehren, Beispiele ziehen an. Die Eltern dürfen ihre Kinder nicht um Gott betrügen und ihnen damit einen letzten Lebenssinn vorenthalten. Deshalb bezeichnen wir die Familie als Hauskirche. Sie ist von entscheidender Bedeutung für die christliche Lebensausrichtung. Das hat auch die Kirche von heute erkannt, dass sie in Zukunft bei der Glaubensvermittlung ihren Schwerpunkt auf die Familie setzen muss. Es wird deshalb für die Kirche der Zukunft von großer Bedeutung sein, Familienkreise zu gründen und ihnen jede erdenkliche Hilfe zuteilwerden zu lassen.

2) Gemeinschaft der Gläubigen (Kirche)

Jeder Einzelne und erst recht die Familie brauchen die Kirche als die größere Gemeinschaft, ohne die es keinen Glauben gibt. Wer vermittelt uns denn sonst das rechte Bild vom liebenden, dreifaltigen Gott? Wer lehrt uns in der rechten Weise beten? Wer erklärt uns die Worte der Hl. Schrift? Wer spendet uns die Sakramente? Wer schenkt uns den Glauben an Jesus Christus, der der Weg, die Wahrheit und das Leben ist? Ohne die Gemeinschaft der Kirche kann keiner seinen Glauben allein leben.

Manche stoßen sich manchmal an der Unvollkommenheit der Kirche und an den Schwächen des Bodenpersonals. Aber wir dürfen nicht vergessen, dass wir in einer unheilen und erbsündigen Welt leben. Auch als Getaufte bleiben wir sündige Menschen. Die Leitung der Kirche ist davon nicht ausgenommen. Darum wird man auch immer Anstoß an der Kirche nehmen. Die Kirche bedauert das sehr, weil dadurch das Licht der frohen Botschaft Jesu Christi getrübt wird und oftmals das Kind mit dem Bade ausgeschüttet wird. Wir müssen sehr wohl unterscheiden zwischen dem Glauben an Christus, der der Goldschatz unseres Lebens ist, und der Kirche, die nur Werkzeug ist und uns den Glauben manchmal nur unvollkommen vermittelt. Das ist manchmal eine bittere Erkenntnis. Wir sind als Christen keine weltfremden Träumer, sondern Realisten bis auf die Knochen. Wir leben hier auf Erden eben noch nicht in einem Paradies. Das müssen wir uns sicher auch bei aller berechtigten Kritik an der Kirche immer vor Augen halten. Nicht umsonst hat Martin Luther gesagt: ecclesia semper reformanda. Die Kirche bedarf ständig der Erneuerung.

Bei allen Schattenseiten, die die Kirche hat, vor allem wenn man in die Geschichte hineinschaut, dürfen wir nicht übersehen, dass die Lichtseiten doch eindeutig überwiegen. Was leistet die Kirche allein im sozialen Bereich in ihren zahlreichen Kinderheimen, Krankenhäusern und Altenheimen! Was ist das für ein großartiges Engagement in den Missionsländern der Erde! Sie vermittelt dort nicht nur den Glauben, sondern setzt sich auch für ein menschenwürdiges Dasein für alle ein. Sie bekämpft den Hunger in der Welt in den beiden großen Hilfsaktionen Misereor und Adveniat. Sie sorgt für gute Bildung und Erziehung in den Schulen. Sie kämpft für die Menschenrechte und den Frieden in der Welt. Eine Welt ohne Christentum wäre um viel Liebe ärmer und unmenschlicher. Ich erinnere nur an Mutter Teresa, die ein leuchtendes Vorbild christlicher Gottes- und Nächstenliebe war.

Nach Paulus ist die Kirche der geheimnisvolle Leib Jesu Christi, wo die Getauften die Glieder, Christus das Haupt und der Hl. Geist die Seele ist, die die ganze Kirche mit Leben und Liebe erfüllt. Seit 2000 Jahren ist es Christus, der als der Auferstandene die Kirche von oben lenkt und leitet. Die Kirche ist also nicht nur Werkzeug des Glaubens, sondern auch der fortlebende Christus, der die Apostel in die Welt gesandt hat, damit sie sein Werk fortsetzen. Diese Kirche begegnet den normalen Gläubigen vor Ort als konkrete Gemeinde. Die Gemeinde ist für uns vor allem die Gemeinschaft der Gläubigen, mit denen wir gemeinsam unterwegs sind. Hier empfangen wir den Glauben und hier wird der Glaube auch immer wieder im gemeinsamen Beten gestärkt. Es ist deshalb lebenswichtig, dass wir in enger Verbundenheit mit der Gemeinde leben, wenn unser Glaube nicht ermatten soll. Zu diesem gemeinsamen Leben mit der Gemeinde gehören natürlich auch alle anderen Veranstaltungen, die die Gemeinschaft der Gläubigen fördert. Allerdings dürfen wir nicht übersehen, dass jede Gemeinde auch von der Mitarbeit der Gläubigen lebt. Mit dem Engagement für die Gemeinde wachsen wir auch tiefer in den Glauben hinein. Eine Frau sagte einmal zu mir: Seit ich als Katechetin im Firmunterricht tätig bin, hat der Glaube eine ganz andere Bedeutung für mein Leben erhalten. Ich habe ihn lieben und schätzen gelernt. Auch wir Priesterzwillinge sagen nach 50 Jahren im priesterlichen Dienst, dass wir der Kirche sehr dankbar sind, weil sie unserm Leben einen sinnvollen und frohmachenden Weg aufgezeigt hat.

D. Tagesheiligung

Das Programm, das wir auf dem konkreten Weg zusammengestellt haben, muss natürlich jeden Tag neu gelebt werden. Wir sollen also nicht einfach in den Tag hineinleben, sondern den Tag bewusst gestalten. In der

Bergpredigt heißt es: Sorgt euch nicht um morgen; denn der morgige Tag wird für sich selbst sorgen. Jeder Tag hat genug eigene Plage. Man hat einmal einen Heiligen gefragt: Was ist für dich der wichtigste Mensch? Er gab zur Antwort: Der Mensch, dem ich gerade begegne. Was ist für dich die wichtigste Aufgabe? Es ist die Aufgabe, die mir jetzt aufleuchtet. Was ist für dich die wichtigste Zeit? Der Augenblick, in dem ich mich jetzt befinde. Wir sollen uns also nicht ständig um die Zukunft Gedanken machen, sondern das Heute leben. Dabei geht es täglich um die Verwirklichung des Hauptgebotes: Du sollst Gott lieben und deinen Nächsten wie dich selbst. Dabei müssen also drei Gedanken zum Tragen kommen.

1) Gottesliebe

Ich denke, dass es wichtig ist, dass wir Gott jeden Tag ein Stück unserer Zeit schenken. Das wird bei einem Priester mehr sein als bei einem Laien. Gott lieben heißt, Zeit für ihn haben. Das wird an jedem Tag sehr unterschiedlich sein; mal wird es mehr sein, mal weniger. Dabei spielt die Form nicht eine so große Rolle. Die Hauptsache ist, ich bin für ihn da und denke an ihn. Zu den Begegnungsformen gehören das tägliche Gebet, die hl. Messe, die Meditation, die Liturgie des Kirchenjahres, das Bibelgespräch, ein religiöser Vortrag, Exerzitien, ein Einkehrtag, ein gutes Buch, der Sakramentenempfang. Dies alles sind unmittelbare Quellen, die unsere Freundschaft mit Gott fördern und nicht erkalten lassen. Das wird natürlich unterschiedlich mehr oder weniger Zeit beanspruchen. Zur Mindestforderung gehört das tägliche Gebet und die sonntägliche Messe, damit unser Glaube lebendig bleibt. Es darf vielleicht auch einmal etwas mehr sein: ein religiöses Buch in den Ferien, ein Einkehrtag im Jahr, monatliche Teilnahme an einer religiösen Gesprächsrunde. Freundschaft mit Gott bleibt nur erhalten, wenn wir uns Zeit für Gott nehmen.

2) Nächstenliebe

Der Tag ist ganz entscheidend bestimmt von unserer Arbeit und unserm Beruf, der unsere Lebensaufgabe ist. Dabei darf der Beruf nicht nur Job zum Geldverdienen sein, sondern die Arbeit muss vor allem vom Gedanken des Dienens bestimmt sein. Jede Arbeit ist immer auch Dienst am Menschen. Deshalb muss sie ordentlich und gewissenhaft verrichtet werden. Nur dann bringt sie dem Menschen auch Erfüllung und Zufriedenheit. Die Arbeit muss bei aller Belastung Spaß machen. Paulus mahnt uns: Jeder diene dem anderen mit der Gabe, die er von Gott empfangen hat.

Natürlich muss unsere Liebe vor allem den Menschen geschenkt werden, die unsere Nächsten sind. Wir tragen große Verantwortung für unseren Mann, für unsere Frau, für unsere Kinder, für Vater und Mutter, für Oma und Opa. Für sie müssen wir täglich in erster Linie da sein und ihnen nach Kräften unsere Liebe schenken. Das ist ein großes Betätigungsfeld der Nächstenliebe. Ich nenne es Liebe im Alltag. Zum Kreis der Nächsten gehören natürlich auch die Nachbarn, die Menschen in der Kirchen- und in der Zivilgemeinde. Wir leben nicht auf einer einsamen Insel, sondern sind Teil einer großen Gemeinschaft, die von uns Solidarität fordert. Erst recht dürfen wir die Menschen in Not und Elend in der Welt nicht vergessen. Wahrlich, was ihr dem geringsten meiner Brüder getan habt, das habt ihr mir getan. Alles sollte von der Gesinnung der Liebe getragen sein.

3) Selbstliebe

Bei allem Engagement dürfen wir aber die Selbstliebe nicht vergessen. Auch sie gehört täglich zu unserm Leben. Wer nicht genießt, wird auf die Dauer ungenießbar. Der Mensch muss sich auch täglich Zeit für sich selbst nehmen. Das wird mal mehr, mal weniger sein. Das dient vor allem der körperlichen und geistigen Erholung. Das weckt neue Schöpferkraft. Die Freizeitgestaltung wird jeder anders durchführen. Angesagt sind: Wandern, schwimmen, spazieren gehen, Musik, Opern-, Theater- oder Konzertbesuch, Lesen, Reisen, Ferien, Besuch bei Freunden, Fernsehen, Fußball, Krimi oder auch nur einfach ausruhen, schlafen, nichts tun, faulenzen. Jeder hat seine Hobbys. Ich denke, dass eine gesunde Selbstliebe auch zu unsern christlichen Leben gehört.

Ein Gebet von Georg Feuerer lautet: Du hast mich erschaffen, du hast mich gewollt, gerufen hast du mich, Gott, und hingestellt an meinen Platz. Da, wo ich bin, da wolltest du mich haben, gerade da und nirgends sonst. Und deinen Auftrag soll ich hier erfüllen. Dein Werkzeug bin ich, Gott, in deiner Hand.

6. KAPITEL: ZIEL DES WEGES

1) Weiterleben

Seit es Menschen gibt, gibt es auch die Vorstellung vom Weiterleben nach dem Tod. Allerdings sind diese Vorstellungen noch sehr unvollkommen.

a) Grabbeilagen

In der frühen Menschheitsgeschichte hat man in den Gräbern der Verstorbenen Grabbeilagen gefunden, die auf ein Weiterleben nach dem Tode schließen lassen. Man fand zahlreiche Nahrungsmittel, damit der Mensch im Jenseits überleben kann. Man hat dem Verstorbenen sogar Waffen ins Grab gelegt, damit er sich gegen die dunklen Mächte verteidigen kann. Man glaubte, dass das Leben in irgendeiner Form auf irdische Weise weitergeht.

b) Pyramiden

Ein eindeutiger Beweis für das Weiterleben der Toten sind die Pyramiden der Ägypter. Man hat über den Gräbern der Pharaonen großartige Bauten errichtet. Man war der Überzeugung, dass diese Könige in einer anderen Welt weiterleben werden und von da aus noch viel für das Volk tun könnten. Deshalb gab man ihnen großartige Grabbeilagen mit. In den späteren Königsgräbern fand man sogar kostbare Kunstschätze aus Gold und zahlreiche Edelsteine, die man den Königen mit auf dem Weg ins Jenseits gab. Es gibt auch ein ägyptisches Totenbuch, in dem vom Weg durch das Totenreich die Rede ist.

c) Terrakotta-Armee

Wer einmal in China gewesen ist und dort die Terrakotta-Armee gesehen hat, die man dem Kaiser mit auf den Weg ins Jenseits gegeben hat, ist davon tief beeindruckt. Mehrere tausend Soldaten aus Ton gab man dem Kaiser mit auf den Weg ins Jenseits, damit er sich dort wirksam verteidigen kann. Es gab darunter einfache Rekruten und hohe Offiziere, die man an den unterschiedlichen Uniformen erkennen konnte. Auch kunstvolle Streitwagen hat man entdeckt, teils noch in einem sehr guten Zustand. Mit einem ganzen Heer sollte sich der verstorbene Kaiser im Jenseits gegen die dunklen Mächte der Finsternis verteidigen können.

d) Seelenwanderung

Interessant ist auch die Auffassung der Buddhisten und Hinduisten von der Seelenwanderung. Man glaubt, dass die Seele des Verstorbenen wiedergeboren wird in einem anderen Menschen oder gar in Pflanzen und Tieren. Diese Wiedergeburt ist ein leidvoller Prozess, dem man nur durch Askese und Meditation entrinnen kann. Am Ende steht dann das Nirwana (das absolute Nichts), in dem sich der Mensch als individuelles Wesen aufgibt und eingeht in den Seinsgrund der Welt.

e) Unterwelt

Die Juden im Alten Testament hatten auch noch keine klare Vorstellung vom Weiterleben nach dem Tode. Sie sprechen von einem Schattendasein in der Unterwelt. Diese Auffassung haben sie mit den Griechen und den Römern gemeinsam.

f) Platon

Er hat ein Buch über die Unsterblichkeit der Seele geschrieben. Nach seiner Auffassung besteht der Mensch aus Seele und Leib. Nach dem Tode befreit sich die Seele vom Kerker Leib und schwingt sich auf in das Reich der Ideen. Das irdische Dasein ist nur ein Schattendasein (vgl. Höhlengleichnis). Das wahre menschliche Leben vollzieht sich erst, wenn der Mensch sich aus dem Gefängnis Leib befreit hat. Wir sehen hier also schon eine große Ähnlichkeit mit unserm christlichen Glauben.

2) Tatsache der Auferstehung

Wir Christen sprechen von der Auferstehung Christi und von der Auferstehung der Toten. Beide hängen unverbrüchlich zusammen. So wie Christus von den Toten auferstanden ist, so wird jeder Tote auferstehen. Diese Glaubenswahrheit ist keine Randerscheinung, sondern die Glaubensbotschaft schlechthin. Keiner kann Christ sein, der nicht an die Auferstehung der Toten glaubt. Das hat Paulus unmissverständlich zum Ausdruck gebracht:

„Wenn aber Christus nicht auferweckt worden ist, dann ist euer Glaube umsonst, und ihr seid immer noch in euren Sünden; und auch die in Christus Entschlafenen sind dann verloren. Wenn wir nur in diesem Leben auf Christus gehofft haben, ist unser Elend größer als das aller anderen Menschen" (1 Kor 15,17–18). Wie aber lässt sich die Auferstehung nachweisen?

a) Bekenntnis des hl. Paulus (1 Kor 15)

Das älteste Zeugnis, das wir über die Auferstehung haben, finden wir im 15. Kapitel des 1. Korintherbriefes. Ein großartiges Bekenntnis und Zeugnis für die Auferstehung, das mich persönlich restlos von der Tatsache der Auferstehung überzeugt hat.

Der Anlass für dieses Kapitel ist die Behauptung einiger Mitglieder der korinthischen Gemeinde, es gäbe keine Auferstehung der Toten. Drei Argumente führt Paulus als Beweis für die Auferstehung der Toten an. In einem ersten Argument verweist er auf die Auferstehung Christi. Sie ist sicher bezeugt. Denn der Herr ist 40 Tage lang den Jüngern erschienen, erst dem Petrus, dann den Aposteln, schließlich 500 Brüdern und Schwestern auf einmal, und nicht zuletzt auch mir, Paulus, auf dem Weg nach Damaskus, mir, gleichsam einer Missgeburt, weil ich die Kirche Gottes verfolgt habe. Wir alle haben ihn gesehen. Wir sind Augenzeugen seiner Auferstehung. Und nun folgert Paulus zu Recht: Wer an die Auferstehung Christi glaubt, muss notwendigerweise auch an die Auferstehung der Toten glauben. Zwischen beiden besteht ein untrennbarer Zusammenhang.

Im zweiten Argument geht Paulus auf die besondere Schwierigkeit der Korinther ein. Warum glauben sie nicht an die Auferstehung der Toten? Die Korinther waren Griechen, die zum Teil Platoniker waren. Der große Philosoph Platon aber lehrte, dass nach dem Tode zwar die Seele in das wahre Reich des Lebens einkehre, nicht aber der Leib. Im Gegenteil, der Leib war der Kerker der Seele. Der Leib war etwas Schlechtes. Er war das Gefängnis der Seele. Erst wenn die Seele den irdischen Leib zurücklässt, kann er sich zum wahren Leben emporheben. Unser christlicher Glaube aber sagt, dass der Mensch mit Leib und Seele auferstehen wird. Genau das konnten die Korinther nicht begreifen. Hier aber erleben wir Paulus wieder als den großen Theologen. Großartig, wie er hier argumentiert. Er sagt: Du Narr, es ist doch nicht dieser irdische Leib, der auferstehen wird. Nein, Gott wird aus diesem irdischen und vergänglichen Leib einen neuen, geistigen, verklärten Leib schaffen, der nichts mehr mit der Vergänglichkeit dieser Materie zu tun hat. Und dann bringt er ein großartiges Bild: Der neue, verklärte Leib wird aus dem irdischen Leib hervorgehen wie die Pflanze aus dem Samenkorn. Man legt das Samenkorn in die Erde. Es stirbt und es geht eine neue, schöne Blume hervor. So räumt Paulus die Schwierigkeit aus dem Wege, die die Korinther mit der Auferstehung des Leibes hatten. Im dritten Argument bringt Paulus nun eine persönliche Note mit hinein, die deutlich macht, wie sehr Paulus ganz und gar hinter seiner Botschaft steht. Er hält den Korinthern vor: Meint ihr, ich sei ein Narr? Warum setze ich mich stündlich Gefahren aus? Warum reise ich in der ganzen Welt umher? Warum lasse ich mich geißeln und steinigen? Warum nehme ich alle Mühsale und Strapazen auf mich? Warum bin ich ständig in Gefängnissen? Doch nur, weil ich an die Auferstehung Christi und die Auferstehung der Toten glaube. Und dann kommt die schönste Stelle in diesem Brief: Wenn Christus nicht auferstanden wäre, dann würden auch die Toten nicht auferstehen, dann aber wäre sinnlos unser ganzer Glaube, sinnlos unser ganzes Leben, dann lasst uns wir die Weltmenschen essen und trinken und das Leben in Saus und Braus genießen, was soll's, denn morgen sind wir ja tot. Großartig, wie Paulus hier sein ganzes Leben unzertrennlich mit der Auferstehung verbindet. Wer Paulus kennt und 1 Kor 15 gelesen hat, der hat keinen Zweifel mehr an der Auferstehung Christi und der Toten.

b) Ostererzählungen

In den Ostererzählungen berichten uns die vier Evangelisten von der Auferstehung Christi. Sie sind wesentlich später entstanden als das Bekenntnis des hl. Paulus in 1 Kor 15. Allen Ostererzählungen ist gemeinsam, dass sie die Tatsache der Auferstehung verteidigen. Dabei stützen sie sich auf zwei Argumente:

1. Das leere Grab

Alle Evangelisten erzählen gemeinsam, dass am Ostermorgen Frauen zum Grab gingen, um dem Herrn die letzte Ehre zu erweisen. Sie wollten seinen Leib mit kostbaren Ölen einbalsamieren. Als sie am Grab ankamen, war der schwere Stein schon weggewälzt, den man wegen der Tiere vor das Felsengrab geschoben hatte. Als die Frauen in das Grab hineingingen, fanden sie den Leichnam Jesu nicht. Wohl sagten ihnen Männern in weißen Gewändern: Er ist auferstanden. Er ist nicht hier. Er lebt. Sagt das seinen Jüngern. Man hat zwar später behauptet, dass der Gärtner den Leichnam verlegt habe oder dass er bei einem Erdbeben in einem Felsenspalt verschwunden sei. Aber dafür gibt es keinerlei Beweise oder Hinweise. Tatsache ist, dass das Grab leer war. Der tote, irdische Leib war bei der Auferstehung in einen neuen, verklärten Leib verwandelt worden.

2. Die Erscheinungen

Das leere Grab, das der hl. Paulus in seinem 1. Korintherbrief noch nicht einmal erwähnt, war allein noch kein Beweis für die Auferstehung. Das wichtigere und entscheidendere Argument waren die Erscheinungen des Auferstandenen. Ohne diese Erscheinungen wäre der Glaube an die Auferstehung nicht aufgekommen. Die Evangelien betonen also, dass dieser auferstandene Christus ihnen 40 Tage immer wieder erschienen ist, bis auch der letzte Zweifel ausgeräumt war. Christus hatte große Schwierigkeiten, die Apostel von der Tatsache seiner Auferstehung zu überzeugen. Denn so etwas hatten die Apostel noch nicht erlebt, dass einer von den Toten zurückgekehrt war. Schließlich waren die Apostel bodenständige Männer, Fischer vom See Gennesaret, die keine

Fantasten und Träumer waren. Der Apostel Thomas, der bei der ersten Erscheinung im Abendmahlssaal nicht dabei war, erhielt eine Extra-Erscheinung. Lukas und Johannes berichten in ihren Evangelien, dass anfangs alle Apostel an den Erscheinungen zweifelten, bis der Auferstandene schließlich einen dreifachen Beweis antrat: 1. Seht meine Hände und Füße. Seht also meine Wunden. Ich bin also derselbe Christus, den man an das Kreuz geschlagen hat. 2. Ich bin kein Geist, denn ein Geist hat nicht Knochen und Gebein, wie ihr an mir seht. 3. Als sie noch immer nicht glauben konnten, verlangte er eine Honigscheibe, die er vor ihren Augen aß. Die Apostel merkten schon, dass er mitten unter ihnen war, aber mit einem neuen Leib, mit dem er durch Wände und Türen drang. In der Tat gehörte er mit seinem verklärten Leib nicht mehr der Erde an, sondern dem ewigen Reich des Vaters. Jesus kehrt also nicht mehr ins irdische Dasein zurück, sondern gibt sich immer wieder nur für Augenblicke den Aposteln zu erkennen, um ihnen deutlich zu machen, dass er lebt und nicht im Tode verblieben ist. Christus gehört also nicht mehr dieser Welt an. Sein verklärter Leib besteht nicht mehr aus den Atomen und Molekülen dieser Erde. Sein Leib hat in der Auferstehung eine neue Daseinsweise erfahren, die wir nur mit dem Wort verklärt umschreiben können. Wir müssen aber noch erwähnen, dass sich Jesus nach seiner Auferstehung durch besondere Zeichen geoffenbart hat, die nur die Apostel verstehen konnten. So erkennen ihn die Emmausjünger am Brotbrechen, Maria aus Magdala an seiner Stimme, als er sie ansprach mit dem Namen Maria, Petrus und einige Gefährten am reichen, nachösterlichen Fischfang, alle Apostel an den fünf Wunden. Ich denke, dass es auch für uns keine Zweifel an der Tatsache der Auferstehung gibt. Alle Apostel waren Augenzeugen der Auferstehung. Diesen Glauben haben sie in der Welt verkündet. Für diesen Glauben sind sie alle in den Tod gegangen.

3) Bilder

Dass Christus wahrhaft auferstanden ist, bezeugen alle Apostel und Jünger des Herrn. Sie sind glaubwürdige Augenzeugen. Über die Art und Weise der Auferstehung aber können wir nur in Bildern sprechen, die uns das große Geheimnis der Auferstehung erahnen lassen.

a) Same

Zunächst einmal müssen wir sagen, dass die Auferstehung eine neue Schöpfung ist und insofern nur vergleichbar mit dem Schöpfungsakt, mit dem Gott die ganze Welt ins Dasein gerufen hat.

Paulus bringt für diese Neuschöpfung das Bild vom Samenkorn. Ein Samenkorn wird in die Erde gelegt. Nach einiger Zeit geht aus diesem Korn eine neue Pflanze, z. B. eine schöne Blume, hervor. Zurück bleibt die äußere Schale im Boden, die verwest und für die Neuschöpfung der Blume keine Rolle mehr spielt. Man könnte es auch als eine große Verwandlung bezeichnen. Ich möchte noch ein ähnliches

Bild persönlich anführen, das uns vielleicht diesen Prozess noch etwas mehr verdeutlichen kann. Das Osterei ist ein Symbol für die Auferstehung. Aus dem Ei geht ein neues Küken hervor. Es lässt die Eierschalen zurück, die für das neue Lebewesen keine Bedeutung mehr haben. So müssen wir auch den Auferstehungsprozess verstehen. Der tote Leib Jesu wird ins Grab gelegt. Aus diesem irdischen Leib geht ein neuer, verklärter Leib hervor, der nicht mehr aus den Atomen und Molekülen dieser Welt besteht; denn sonst wäre er ja vergänglich. Paulus bringt diese Tatsache in seinem 1. Korintherbrief folgendermaßen zum Ausdruck: Was gesät wird, ist verweslich; was auferweckt wird, unverweslich. Was gesät wird, ist armselig; was auferweckt wird, herrlich. Was gesät wird, ist schwach; was auferweckt wird, ist stark. Gesät wird ein irdischer Leib, auferweckt ein überirdischer (geistiger) Leib. Ähnlich wie der irdische Leib Jesu in einen verklärten Leib verwandelt worden ist, so wird auch der tote Leib der Verstorbenen in einen neuen verklärten Leib verwandelt werden. Was zurückbleibt im Grab, ist lediglich die Hülle, die zu Staub zerfällt und wie die Eierschalen beim Küken für den Menschen keine Bedeutung mehr hat.

b) Schmetterling

Dieses Naturereignis der Verwandlung von Raupe in einen Schmetterling ist für mich das schönste Bild für die Auferstehung. Dieses Bild stammt aus der indischen Theologie. Wir alle kennen den Naturprozess aus der

Biologie. Die Raupe ist ein erdverbundenes Wesen. Es lebt von Blättern und frisst und frisst und frisst. Die Raupe ist zwar auch ein Geschöpf Gottes, aber meinem Empfinden nach nicht gerade ein sehr schönes Exemplar. Wenn die Raupe sich also vollgefressen hat, dann bildet sie einen Kokon und hängt sich an einem Baum auf. Es ist eine Art Totenstarre. Nach einer gewissen Zeit schlüpft aus dem Kokon ein wunderbarer Schmetterling hervor, der sich im Gegensatz zur Raupe frei in der Luft bewegen kann. Wer hätte das gedacht, dass aus der fiesen Raupe ein so schöner Schmetterling entstehen kann! Zurück bleibt am Baum lediglich die äußere Hülle des Kokons.

So müssen wir auch den Verwandlungsprozess bei der Auferstehung verstehen. Der Mensch lebt wie die Raupe sehr erdverbunden. Eines Tages stirbt er und wird in ein Grab gelegt. Der Tod ist also mit dem Kokon zu vergleichen. Aus diesem toten Leib geht schließlich der neue, verklärte Leib hervor, der sich wie ein Schmetterling frei bewegen kann. Zurückbleibt die irdische Hülle, die wieder zu Staub wird.

c) Hochzeitsmahl

Manche Menschen sagen schon einmal scherzhaft: Das muss im Himmel doch langweilig sein, wenn wir dann immer wieder von morgens bis abends Hosianna und Halleluja singen müssen. Christus macht im Bild vom Hochzeitsmahl deutlich, dass der Himmel ein nie endendes Freudenfest ist. Bei den Juden war das Hochzeitsmahl das Ereignis im Leben eines jeden Menschen, das sieben

Tage lang gefeiert wurde. Da gab es alles in Hülle und Fülle. Da gab es genug zu essen und zu trinken. Da konnte manchmal der Wein ausgehen wie bei der Hochzeit zu Kana. Dabei war doch der Wein so wichtig. Er brachte die Menschen erst in die richtige Stimmung. Es wurde getanzt und musiziert. Man führte lustige Spiele vor. So wie ein Hochzeitsmahl müssen wir uns den Himmel vorstellen. Da sind wir immer happy. Es gibt keine Trauer und kein Leid mehr. Der Tod ist überwunden. Freude pur, jeden Tag! Ich denke, das Bild Jesu vom Hochzeitsmahl bringt vor allem die emotionale Seite der Auferstehung zur Sprache.

Wir sind am Ziel unseres Weges im Glauben angekommen. Es ist auch zugleich das Ziel unseres Buches. Am Ende steht nicht der Tod, das absolute Nichts, die totale Sinnlosigkeit, sondern das ewige Leben, das ewige Glück und die ewige Freude. Tod ist nicht Ende, sondern Vollendung des Menschen. Die Auferstehung ist der Kernpunkt des Christentums. Ohne Auferstehung gibt es kein Christentum. Das erfüllt uns Christen mit einer großen Hoffnung, die uns nicht nur schwierige Stunden des Lebens durchhalten lässt, sonst uns auch jetzt schon täglich mit Freude erfüllt. Nichts ist umsonst. Alle Liebe hat ihren bleibenden Wert.

7. KAPITEL:
ANHANG: DAS CHRISTENTUM
UND DIE RELIGIONEN

1) Heilsfrage

Das Christentum ist mit Sicherheit der von Christus gewünschte normale Weg zum Heil. Alle, die diesen Lebensweg gehen, werden das ewige Heil erlangen. Wie aber steht das Christentum zu den anderen Religionen? Werden auch sie den Menschen den Himmel bringen?

Zu dieser Frage hat sich das 2. Vatikanische Konzil in seinem Dekret „Über das Verhältnis des Christentums zu den nichtchristlichen Religionen" eindeutig geäußert. Auch Joseph Ratzinger hat in seinem Buch „Glaube, Wahrheit, Toleranz" dazu Stellung genommen. Man kann die Antwort kurz in dem einen Satz zusammenfassen: Jeder, der nach seinem Gewissen lebt und das Gute tut, wird das Heil erlangen. Das Gewissen ist nun einmal für jeden Menschen die oberste Instanz für sein Handeln. Wenn also ein Mensch aufgrund der Erbsünde und der Irrtumsfähigkeit des Menschen in der Gestalt Jesu Christi nicht den Sohn Gottes erkennt, kann ihm das nicht als Schuld angerechnet werden. Wenn er dann aber im guten Glauben nach den Vorstellungen seiner Religion lebt, wird auch er das ewige Heil erlangen. Er wird also auch wie der Christ in den Himmel kommen. Denn Gott schließt keinen, der ihn ehrlich sucht, von seinem Heil aus. Gott will das Heil aller Menschen; denn Christus ist für alle Menschen am Kreuz gestorben, auch für die Menschen, die unverschuldet einen außerordentlichen Lebensweg beschreiten. Alles andere ist mit der Liebe und Barmherzigkeit Gottes nicht zu vereinbaren.

Diese Erkenntnis lässt uns auch als Priester, die wir täglich in der Verkündigung stehen und uns Sorge machen um das ewige Seelenheil der Menschen, tief aufatmen. Das bewahrt uns vor Fanatismus und Fundamentalismus und einer übertriebenen Sorge um das Heil der Menschen. Außer dem normalen christlichen Weg hat Gott auch noch andere Wege, die zum Himmel führen. Das ist für uns Priester ein großer Trost. Bei allem Einsatz für Gott an jedem Tag können wir am Abend sagen: Wir haben unsere Aufgabe erfüllt, den Rest oder sagen wir besser: das Entscheidende musst du nun tun. Dieses Vertrauen auf Gottes Barmherzigkeit lässt uns ruhig schlafen. Damit ist eigentlich die Heilsfrage klar beantwortet.

2) Wahrheitsfrage

Von der Heilsfrage müssen wir aber klar die Wahrheitsfrage unterscheiden. Wenn auch alle nach den Vorstellungen ihrer Religion das Heil erlangen, so wäre es falsch zu behaupten, dass alle Religionen gleich sind und nur verschiedene Lebenswege zu Gott sind. Das würde zu einem Relativismus führen. Wenn man sich die verschiedenen

Religionen einmal ansieht, dann stellen wir doch sehr große Unterschiede fest. Wenn zum Beispiel die Azteken im Jahre 1487 in vier Tagen ihrem Sonnengott 20 000 Menschenopfer dargebracht haben, so Ratzinger in seinem Buch, dann kann das nicht die Wahrheit sein. Hier müssen wir von schweren religiösen Verirrungen sprechen. Ähnlich ist das Gottesbild in allen Religionen sehr unterschiedlich. Es reicht vom Willkürgott, vor dem die Menschen Angst haben, bis hin zum liebenden Gott, dem die Menschen ihr Leben anvertrauen.

Wenn nun das Christentum behauptet, die volle Wahrheit zu haben, dann ist das keine Arroganz, sondern auf die Besonderheit des Religionsstifters zurückzuführen. Er war Gottes Sohn und hat uns die ganze Wahrheit gebracht. Das Christentum ist also nicht ein Werk von Menschen, sondern ganz und gar ein Werk Gottes. Dieser Gottes Sohn Jesus Christus hat gesagt: Ich bin der Weg, die Wahrheit und das Leben. Wer mir nachfolgt, wird nicht im Finstern wandeln, sondern das Licht des Lebens haben. Deshalb hat das Christentum das beste Gottesbild. Der dreifaltige Gott ist die Liebe. Wir haben das beste Menschenbild. Der Mensch ist Ebenbild Gottes und Bruder und Schwester Jesu Christi. Darin liegt die ganze Würde des Menschen begründet. Wir haben das beste Zukunftsbild. So wie Christus von den Toten auferstanden ist, so werden auch wir einmal auferstehen zum ewigen Leben.

Diese volle Wahrheit ist Gabe und Aufgabe zugleich. Sie verpflichtet uns zur Weitergabe. Alle Menschen haben ein Recht auf diese volle Wahrheit. Darin liegt auch der tiefste Sinn der Mission begründet. Christentum ist von seinem Wesen her eine missionarische Religion. Deshalb hat Christus den Aposteln den Auftrag gegeben: Geht hin in alle Welt und lehrt alle Völker und tauft sie auf den Namen des Vaters und des Sohnes und des Hl. Geistes. Der innere Sinn dieses Weltauftrages aber liegt darin, dass die Wahrheit Jesu Christi keine tote Wahrheit ist, die nichts mit dem Leben des Menschen zu tun hat. Im Gegenteil, sie hat es eminent mit dem Menschen und seiner Würde zu tun. Nach dem Willen Christi haben alle Menschen ein Recht auf ein menschenwürdiges Dasein. Darum muss sich das Christentum bei aller Missionsarbeit bemühen. In der Tat, das geschieht auch durch die Kirche in großem Maße. Ich habe bei meinen zahlreichen Auslandsreisen viele Missionsstationen besucht und bin überwältigt von dem, was die Missionare für ein menschenwürdiges Dasein für alle tun. Es ist erstaunlich, was die 25 Millionen Christen in Indien im Staate Kerala für die Menschen leisten. Das Christentum ist wesentlich beteiligt bei der Erziehung und Bildung der Jugend. Es unterhält viele gute Schulen. Es hilft beim Aufbau des Gesundheitswesens durch Errichtung von Krankenhäusern. Es hilft beim Aufbau einer Sozialstruktur. Jeder soll Arbeit haben, keiner darf hungern. Es geht der Kirche also keineswegs in erster Linie darum, durch Taufen die Zahl ihrer Mitglieder zu erhöhen, sondern allen zu einem menschenwürdigen Leben zu verhelfen. Natürlich gehört zur Mission auch die Vermittlung des Glaubens. Denn auch der Glaube steigert die Lebensqualität des Menschen. Erst der Glaube an Gott schenkt dem menschlichen Leben einen letzten, tiefen und alles umfassenden Sinn. Gott ist es, der dem Menschen seine Würde gibt.

3) Toleranzfrage

Jeder Mensch hat ein Recht auf die volle Wahrheit Jesu Christi. Darin liegt der Missionsauftrag des Christentums zutiefst begründet. Aber diese Wahrheit darf dem Menschen in keiner Weise mit Gewalt aufgezwungen werden. Das Christentum will überzeugen durch Wort und Tat. Wichtig ist deshalb zunächst einmal die Verkündigung des Wortes Gottes. Alle Menschen sollen erfahren, dass Gott jeden Menschen ohne Unterschied unendlich liebt. Diese Liebe sollen sie in Freiheit erwidern im Glauben. Sie sollen selbst die Liebe zum Maßstab ihres Lebens machen. Was aber vielleicht viel wichtiger ist, sie sollen den Glauben vermitteln durch die Tat der Liebe. Das Christentum wird erst glaubwürdig, wenn die Menschen nicht nur von der Liebe Gottes reden, sondern sie auch in ihrem Leben vollziehen. Hier ist heute vor allem die selige Mutter Teresa von Kalkutta ein leuchtendes Beispiel für echte christliche Mission. Aus Liebe zu Christus diente sie selbstlos den Kranken und Sterbenden in Indien. Sie kümmerte sich um die Menschen in Not und Elend in den Slums der Großstädte dieser Welt. Tausende von Schwestern sind ihrem leuchtenden Vorbild gefolgt und sind im Dienst der Liebe Christi tätig. Genau das hat

Christus gemeint, wenn er gesagt hat: So soll euer Licht leuchten vor den Menschen, damit sie eure guten Werke sehen und euren Vater preisen, der im Himmel ist. Mission also in Wort und Tat und nicht mit Feuer und Schwert. In diesem Zusammenhang ist auch noch einmal wichtig zu erwähnen, dass Gott uns Menschen erschaffen hat, damit wir ihn und seine Liebe erkennen und in voller Freiheit ihm dienen. Ein erzwungener Glaube ist deshalb in den Augen Gottes nichts wert. Er widerspricht der Intention Gottes bei Erschaffung des Menschen.

Wo aber Menschen trotz Verkündigung in Wort und Tat nicht zur Erkenntnis der vollen Wahrheit kommen – das ist möglich durch die Erbsünde und die damit verbundene Irrtumsfähigkeit des Menschen –, da ist Toleranz gefragt, da muss ich den anderen als Menschen achten und ehren, auch wenn ich nicht seine Glaubensüberzeugung akzeptieren kann. Haben wir Achtung vor der Gewissensentscheidung des anderen! Toleranz ist ein Gebot der Nächstenliebe. Auch deshalb können wir tolerant sein und gelassen und zuversichtlich leben, weil wir wissen, dass Gott allen sein Heil schenken wird, die ihn suchen.

Alfred & Heribert Hausen

Die
Priester-
Zwillinge

Hochwürden im Doppelpack
erzählen aus ihrem Leben

Das »Doppel-Leben« der Priesterzwillinge

heitere Doppelbiografie mit zahlreichen Bildern
aus dem Privatarchiv

Der Humor der »zwei kölschen Jungen« ist deutlich zu
spüren in dieser Autobiografie der Priesterzwillinge. Der
Grund für ihre optimistische Lebens Einstellung: Den
Glauben haben sie stets als wortwörtlich frohe Botschaft
erfahren. Hier berichten sie von ihrem ungewöhnli-
chen gemeinsamen Lebensweg. Dabei sparen sie nicht
mit amüsanten Begebenheiten und Verwechslungen.
Davon, dass man die Zwillinge äußerlich weder bei ihrer
Erstkommunion, noch als Jugendliche beim Skifahren
und erst recht nicht als Monsignori in ihrer Soutane aus-
einanderhalten kann, können Sie sich anhand der Bilder
aus dem Privatarchiv der Zwillinge selbst überzeugen.

Die Priester-Zwillinge
Hochwürden im Doppelpack erzählen aus ihrem Leben

160 Seiten, 12,5 x 19,5 cm, gebunden
mit zahlreichen Abbildungen
ISBN 978-3-7462-2686-6, St. Benno-Verlag GmbH Leipzig
www.st-benno.de

ALFRED HAUSEN

Worte
ewigen Lebens

MEDITATIONEN

benno

Den alten Glauben neu verstehen

anschauliche Texte aus der reichen Seelsorgepraxis

Monsignore und Ehrendechant Alfred Hausen ist fast 50 Jahre als Seelsorger in Pfarrei und Dekanat tätig gewesen. Ein wesentlicher Bestandteil der praktischen Seelsorge ist die Verkündigung des Wortes Gottes. Es verleiht unserer Existenz Orientierung und Halt, Trost und Geborgenheit, Mut und Stärke, Sinn und Ziel. Die vorliegenden Meditationen sind aus dem Leben genommen und für das Leben geschrieben. Jede Betrachtung enthält ein Gleichnis, eine Erzählung oder ein Wortbild. Genau das macht dieses Buch so wertvoll.

Worte ewigen Lebens
Meditationen

281 Seiten, 12,5 x 19,5 cm, gebunden,
ISBN 978-3-7462-2987-4, St. Benno-Verlag GmbH Leipzig
www.st-benno.de